前　言

改革开放三十多年来,我国城乡二元经济结构现象却日益严重,城乡居民收入差距日益扩大。20 世纪 90 年代到 21 世纪初,中国城镇居民收入是农村居民收入的两倍以上,而从 2002 年到 2009 年,中国城乡收入比却扩大到三倍以上。在城乡收入差距日益拉大的背景下,"三农问题"成为社会关注的焦点。"三农问题"的关键是如何增加农民收入。关于贸易开放对我国农民收入的影响一直是人们关注的重点和研究的议题。已有的研究多从农业生产和农产品贸易的角度就贸易对农业收入的影响进行探讨。然而,从农民收入的组成来看,农民收入不仅仅来源于农业生产收入,还来源于非农收入。实际上非农收入已越来越成为我国农民收入来源中的重要组成部分,因此,研究全面的贸易开放对农民非农收入的影响具有十分重要的现实意义。同时,由于我国地区发展不平衡,各地区经济收入差异较大,农民非农收入也同样存在地区差距问题,因此探讨贸易开放对农民非农收入地区差异的扩大或收敛的影响对提高农民收入、缩小地区差距亦具有重要的政策意义。

尽管农民非农收入已成为农民收入新的增长点,但农民非农收入的增长并没有缩小我国农村居民非农收入之间的差距。这可能源于我国农民非农收入差距不仅体现在地区之间,更主要的还存在于异质劳动力,即熟练劳动力和非熟练劳动力之间。贸易开放通过贸易结构的升级、技术进步,会对我国异质劳动力,即熟练与非熟练劳动力的需求产生不同的影响,从而影响我国异质劳动力的收入差异,即熟练与非熟练劳动力之间的收入差距会扩大,进而导致我国农村居民非农收入差距的扩大。

在农民非农收入日益成为农民增收重点的背景下,贸易开放通过劳动力市场对我国农民的非农收入产生影响,我国农民的非农收入存在地区差异,本书在实证分析贸易开放对农民非农收入影响的基础上,进一步分析贸易开放对农民非农收入增长及地区收敛的影响。同时,我国农村非农就业劳动力的素质存在明显差异,异质农村劳动力进入非农部门获取的非农收入存在差距,因此,本书分析了我国工业部门贸易开放对异质劳动力收入差异的影响,以此揭示贸易开放对农民非农收入差距产生的作用。

首先,本书通过泰尔指数对我国1985—2007年的农民非农收入的地区差异进行测算和分解,结果表明我国农民非农收入的泰尔指数自1985年到1996年呈上升趋势,1996年之后我国农民非农收入的泰尔指数不稳定,总体差异上下波动。东、中、西部地区内差异自1985年以来总体呈上升趋势,而东、中、西部地区间差异自1985年到1992年在扩大,1992年贸易全面开放以后,东、中、西部地区间差异呈下降趋势。在我国农民非农收入总体差异的构成中,地区间收入差异(东部、中部和西部之间的差异)始终是影响总体差异的决定因素。但东、中、西部地区间收入差异的贡献率自1985年以来却在不断下降,东、中、西部地区内收入差异的贡献率却持续上升。

其次,本书利用1985—2007年期间的相关数据,就贸易开放对农民非农收入的影响作用进行实证分析,研究表明改革开放以来,我国农民的非农收入呈整体上升趋势,而贸易开放对农民非农收入的增加具有推动作用。同时,本书进一步分析贸易开放对农民非农收入增长及其地区收敛的影响,利用1985—

2007 年的相关数据,通过两种参数检验均表明 1992 年贸易全面开放后,全国、东中部、东西部地区农民非农收入都存在收敛行为。全国范围内农民非农收入的差距在缩小,其中东部和中部、东部和西部地区农民非农收入差距都在变小。考虑贸易开放因素后,全国、东中部、东西部地区农民非农收入收敛速度显著提高,故对外开放是全国、东中部、东西部地区农民非农收入差距缩小的重要因素。

再次,本书首先理论分析了贸易开放对我国异质劳动力收入差异产生影响的机制:由于我国与发达国家存在技术差距,基于我国低廉的劳动力成本和部分丰裕的生产资源,发达国家会将本国产品生产中的低技术生产环节外包给我国生产,向我国进口中间产品,而我国作为承包国,由于发达国家外包给我国的低技术环节高于我国的技术生产水平,我国出口大量中间产品会导致我国熟练劳动力相对需求上升,所以,由于产品内分工、国际生产环节的转移产生的中间产品贸易会扩大我国异质劳动力的收入差异。在理论分析的基础上,本书从贸易技术溢出角度分析贸易开放对异质劳动力收入差异,即熟练劳动力相对收入的影响机制在我国的适应性。本书首先运用经济增长因素分析方法测算我国工业部门的全要素生产率,以此表示我国工业部门的技术进步,然后运用实证分析方法得出我国工业部门的对外贸易确实存在明显的正向的技术溢出效应。我国中间产品贸易的发展通过技术溢出效应导致我国生产技术水平的提高,较高的技术水平会增加我国工业部门对熟练劳动力的相对需求,从而可能会扩大我国异质劳动力的收入差异。

最后,本书基于我国工业 1995—2007 年 31 个细分行业的相关数据的实证分析表明最终产品贸易对熟练劳动力的相对工资收入具有显著的负向影响,而中间产品贸易对工业行业熟练劳动力的相对工资收入具有正向影响,并且统计上显著。而且,由于中间产品贸易影响作用大于最终产品贸易,使得我国贸易的全面开放总体上会拉大熟练劳动力和非熟练劳动力的工资差距。随着我国中间产品贸易的发展,中间产品贸易占总体贸易比重的增加会加剧熟练劳动力和非熟练劳动力工资差距的扩大。通过分析发现,中间产品贸易正在加剧熟练劳动力和非熟练劳动力的工资差距,随着全球贸易自由化的深入,中间产品贸易在我国贸易中的比重在逐步上升,因此,中间产品贸易的这种收入分配效应应引起关注。由于我国农村非农就业劳动力素质存在明显差异,工业部门贸易开放的这种收入分配会扩大我国农民非农收入差异,不利于农民收入差距的缩小。

根据上述结论,贸易开放会提升农村劳动力非农就业潜力,有利于农民非农收入的提高,并会缩小农民非农收入地区之间的差距。然而贸易开放对熟练劳动力和非熟练劳动力的就业产生了不同的影响,工业部门贸易开放加剧了我国熟练劳动力和非熟练劳动力的工资差距,不利于我国农民非农收入差距的缩小。为了增加农民收入,提高农民福利,本书提出以下几点政策建议:

(1)积极参与国际分工,扩大贸易开放,顺应经济全球化趋势。贸易开放的进一步加深有利于我国农村劳动力总体就业水平的提高,缓解国内就业压力;有利于农民非农收入的增加、地区差异的缩小和农民福利的提高。

(2)加强对农村劳动力人力资本的投资。根据本书的数据统计,熟练劳动力的平均工资几乎是非熟练劳动力平均工资的两倍。贸易开放虽然有利于我国农村劳动力的总体就业水平的提高,但是会扩大异质劳动力,即熟练劳动力和非熟练劳动力之间的工资差距,从而扩大农民非农收入的差距,农民收入差距的扩大不利于社会的稳定和发展,要缩小农民收入差距,提高农村劳动力素质是关键和重点。政府要注重对农村劳动力人力资本的投入,加大农村地区的教育投入,对农村劳动力进行劳动技能培训,提高其技能水平。

　　总之,为顺应对外贸易的发展趋势,我国应加紧农村高素质劳动力的培养,这样既能有利于收入分配趋于平衡,也能有利于我国产业结构升级与发展,经济形成良性循环。

目　录

第 **1** 章 绪 论

1.1 研究背景与问题提出

中国改革开放三十多年来,中国经济体制逐步由计划经济向市场经济体制转变,然而中国经济迅速发展的同时,中国城乡二元经济结构现象却日益严重,城乡居民收入差距呈持续扩大的趋势。20 世纪 90 年代到 21 世纪初,中国城镇居民收入是农村居民收入的两倍以上,而从 2002 年到 2009 年,中国城乡收入比却扩大到三倍以上。2008 年,城乡居民收入绝对差距首次突破万元,达到 11 020 元。2009 年,中国城乡收入比达到历史新高,为 3.31。在城乡收入差距日益拉大的背景下,由经济学家温铁军提出的"三农问题"成为社会关注的焦点。近几年来,"中央一号文件"也以此为重点出台了一系列规定。"三农问题"的核心是农民问题,而农民问题的关键是如何增加农民收入。随着改革开放的不断深入,贸易全球化的趋势使中国面临更加开放的市场和更加自由的贸易,这种全面的开放对我国经济各部门都产生了显著的影响,其中,贸易开放对我国农民收入的影响一直是人们关注的重点和研究的议题。已有的研究多从农业生产和农产品贸易的角度就贸易对农民农业生产性收入的影响进行探讨,一些学者提出农产品贸易开放会对农业部门带来冲击,认为对外开放会使农业生产受阻、农产品价格下降,威胁农民农业收入的增加。然而,从农民收入的组成来看,农民收入不仅仅来源于农业生产收入，还来源于非农收入。实际上非农收入已越来越成为我国农民收入来源中的重要组成部分，其比重已从20世纪80年代初的平均10%左右上升到目前的近50%，在部分地区甚至更高。非农收入已成为农民增收中的亮点。我国农民的收入问题和福利的改善很难从农业生产和农业政策中找到大幅度增长的出路和突破口（黄季焜，2000）。农民非农收入对农民增收的重要性已得到了普遍的重视。解决农民收入问题的关键是农民非农就业问题（张车伟，王德文，2004；蔡昉，2005；钟甫宁，何军，2007；等等）。因此，研究全面的贸易开放对农民非农收入的影响具有十分重要的现实意义。我国劳动力资源相对丰富，贸易开放后，根据国际贸易的比较优势理论，我国会大量出口劳动密集型产品，增加国内对劳动力的需求，因此，贸易开放后，我国的对外贸易若遵循我国要素禀赋的比较优势，那么劳动力需求的增加会使得农民从农业生产部门进入非农部门就业，获取非农收入，因此，贸易开放可能会对农民非农收入的增加产生正向的影响。同时，由于我国地区发展不平衡，各地区经济收入差异较大，农民非农收入也同样存在地区差距问题，东部地区农民的非农收入明显高于中、西部地区。然而，相对于东部地区，我国中、西部地区人口资源相对丰富，农村劳动力大量剩余，贸易开放导致国内劳动力需求增加，使得中、西部地区丰富的劳动力资源优势得以发挥，可能会加快中、西部地区农村劳动力向非农部门转移的速度，使得中、西部地区的农村劳动力更多地参与到贸易开放中，从而可能会缩小东部和中、西部地区农民非农收入之间的差距。因此，探讨贸易开放对农民非农收入地区差异的扩大或收敛的影响对提高农民收入、缩小地区差距亦具有重要的政策意义。

我国农民由农业生产部门转入非农部门工作，实现非农就业，获取非农收入，然而我国农村劳动力是不同质的，存在差异。

我国农民非农收入的差距不仅存在于地区之间,更主要的还存在于异质劳动力之间,即熟练劳动力和非熟练劳动力的报酬存在差异。贸易开放促使劳动力密集型产品大量出口,通过产品、劳动力市场传导对我国农民非农收入及地区差异产生影响的同时,贸易开放通过贸易结构的升级、技术进步,会对我国熟练劳动力与非熟练劳动力的需求产生不同的影响,国际市场需求结构层次的上升通过产品市场促使我国贸易结构的升级,贸易开放的技术溢出效应促使工业部门技术进步,高技术的使用使得工业部门对熟练劳动力的相对需求增加,从而影响我国异质劳动力的收入差异,即熟练与非熟练劳动力之间的收入差距会扩大。因此,从异质劳动力收入差异,即熟练劳动力与非熟练劳动力的收入差异角度分析,贸易开放可能会对农民非农收入差距产生负面影响。

综上所述,在农民非农收入日益成为农民增收重点的背景下,贸易开放通过产品市场、劳动力市场对我国农民的非农收入产生影响。我国农民的非农收入差距不仅体现在地区之间,还存在于异质劳动力之间。本书在实证分析贸易开放对农民非农收入影响的基础上,进一步分析贸易开放对农民非农收入增长及地区收敛的影响。同时,本书将分析贸易开放对熟练劳动力与非熟练劳动力收入差异的影响,从异质劳动力角度分析贸易开放可能会对农民非农收入差距产生的影响。

1.2 研究目标、假说和内容

1.2.1 研究目标

1.2.1.1 研究的总目标

本书从我国就业市场劳动力需求角度出发,分析贸易开放对我国农民非农收入及其地区差异的影响。我国农民非农收入差距不仅存在于地区之间,还可能存在于异质劳动力之间,我国农民由农业生产部门转入非农部门工作获取非农收入。因此,本书通过分析我国工业部门贸易开放对异质劳动力收入差异的影响,从而探讨贸易开放对农民非农收入差距的影响。针对本书所研究的问题,提出如下研究总目标:

将劳动力市场上对劳动力需求及非熟练劳动力的相对需求作为切入点,对贸易开放可能对农民非农收入、农民非农收入地区差异,以及异质劳动力收入差异产生的影响进行理论上的探讨和实证分析。通过分析贸易开放对农民非农收入及地区差异可能的影响为我国在实现农民非农收入提高、农民福利改善的过程中制定合理的贸易开放政策提供实证分析依据。通过进一步分析贸易开放对异质劳动力收入差异的影响,为缩小我国农民非农收入差距提供参考建议。

1.2.1.2 研究的具体目标

(1)通过对我国贸易开放情况的描述,分析贸易开放对劳动力市场上劳动力需求的影响,讨论其对我国农民非农收入可能产生的影响。

(2)运用泰尔指数对我国农民非农收入差距进行测算,并按地区进行分解。在对我国农民非农收入存在的地区差异进行描述性分析的基础上,从理论和实证角度分析贸易开放是否有利于我国农民非农收入的增长及地区收敛。

(3)对我国工业部门对外贸易结构的变化趋势进行分析,从理论角度阐述贸易结构的变化对异质劳动力收入差距的影响机制。

(4)测算我国工业部门的全要素生产率,以此衡量我国工业部门的技术进步,运用回归分析方法,分析贸易开放对工业部门技术进步的溢出效应。从贸易的技术溢出效应出发,分析贸易开放对我国异质劳动力收入差异的影响机制在我国的适应性。

(5)从非熟练劳动力相对工资角度,建立我国工业部门贸易开放对异质劳动力收入差异影响的实证研究框架,运用实证分析方法,定量测度和深入揭示总体贸易开放、贸易结构变化对非熟练劳动力相对工资的影响方向及程度。

1.2.2 研究假说

为了实现上述的研究目标,本书将采用定性分析和实证检验相结合的方法验证以下四个假说:

研究假说一 贸易的全面开放对我国农民非农收入的增长具有推动作用。

在发展中国家,要素市场特别是劳动力市场是传递贸易自由化影响农民非农收入的一个重要机制。根据传统国际贸易比较优势理论,在两要素模型中,按照 Stolper-Samuelson 定理(以下简称 SS 定理)的内容,在世界贸易中,发展中国家通过出口劳动密集型产品提高劳动密集型产品的产出能够提高劳动力的就业水平,同时劳动密集型商品价格的上升将提高劳动力的真实工资。改革开放以来,我国贸易的格局基本反映了我国要素禀赋的情况,1996 年我国非技能劳动密集型产品的出口额占出口总额的 46% 左右(Zhang,2000)。我国的出口制成品确实是劳动密集型的,贸易开放促进我国劳动力密集型产品的出口,产品市场中劳动力密集型产品产出的增加会通过劳动力市场吸纳大量劳动力,创造非农就业机会。贸易开放反映了国际市场需求通过我国产品、劳动力市场的传导作用对农民非农收入的影响,所以在理论上,贸易的开放将有利于我国农民的非农就业及非农收入水平的提高。

研究假说二 我国农民的非农收入存在明显的东部、中部和西部地区差异,东部地区农民的非农收入显著高于中、西部地区。贸易开放对地区间非农收入收敛具有正向影响,有利于缩小我国农民非农收入的地区差异。

我国对外贸易出口基本以劳动密集型产品为主,贸易开放遵循我国劳动力丰富的比较优势,劳动密集型产业的发展吸纳大量农村剩余劳动力,贸易开放有利于我国农民非农收入的增长,然而从劳动力资源禀赋角度分析,相对于我国东部地区,中西部地区农村劳动力较为丰富。改革开放后,逐步建立起来的市场经济,使得劳动力在不同部门之间流动,实现资源的合理配置,贸易开放通过外部需求和价格变化使得农村劳动力重新配置,由农业部门向非农业部门转移。相对于东部地区,我国中西部地区较为丰富的农村剩余劳动力非农就业转移增长迅速,更容易分享贸易开放带来的好处。因此,虽然我国农民非农收入存在明显的地区差异,但贸易开放对农民非农收入地区间的收敛有正向作用。

研究假说三 我国工业部门对外贸易的发展会促进我国工业部门的技术进步,贸易开放的技术溢出效应提高了我国工业部门的技术水平,从而对熟练劳动力的相对需求增加,扩大异质劳动力,即熟练劳动力与非熟练劳动力的收入差距。

进口贸易通过技术模仿效应,也就是通常说的"干中学"及培训学习效应对进口国产生技术溢出。出口贸易会产生正的技术溢出效应的依据是出口的学习效应。首先,由于出口企业接受国外订单,国外的采购商会为出口企业提供必要的技术支持,出口企业可以从海外购买者,尤其是技术人员那里获取技术协助,由此,出口商通过出口贸易学习国外先进技术,获取国外科技研发的技术外溢。其次,出口企业进入出口市场,激烈的竞争促使出口企业学习、创新,提高生产率,提升技术水平。贸易开放通过技术溢出,影响我国工业部门的技术进步,而工业部门的技术进步会增加我国熟练劳动力的相对需求。

研究假说四 我国工业部门的对外贸易开放会加剧我国工

业部门异质劳动力,即熟练劳动力和非熟练劳动力工资差距的扩大。其中,我国最终产品贸易对非熟练劳动力的相对工资收入有正向影响,而中间产品贸易对我国工业部门非熟练劳动力的相对工资收入具有负向影响。随着我国中间产品贸易的发展,中间产品贸易占总体贸易的比重增加,贸易开放会扩大我国熟练劳动力和非熟练劳动力工资差距,不利于农民非农收入差距的缩小。

按照传统的赫克歇尔-俄林理论(H-O 贸易理论)和斯托尔珀-萨缪尔森定理(SS 定理),贸易会使一国丰裕要素的实际价格或报酬提高,稀缺要素的实际价格或报酬则会下降。那么,对于我国非熟练劳动力相对丰富的资源禀赋,贸易本应导致我国非熟练劳动力的相对工资上升、熟练劳动力的相对工资下降,二者之间的工资差距得以缩小。然而传统的贸易理论针对的是最终产品贸易,而随着贸易全球化的深入,中间产品贸易发展迅速,如果一国在某种产品的某个生产阶段具有比较优势,就能扩大本国中间产品的出口,中间产品的出口只与一国某种生产要素或某种生产能力相关。如发展中国家在发达国家生产产品的低技术生产阶段具有比较优势,发达国家即可从发展中国家进口本国处于低技术阶段生产的中间产品,但由于发展中国家与发达国家存在技术差距,发达国家低技术中间产品对于发展中国家而言则可能是国内的高技术中间产品,从而引发对发展中国家熟练劳动力相对需求的增加,对发展中国家非熟练劳动力的相对工资产生负向影响。中国是世界上最大的发展中国家,农村大量剩余劳动力进入非农部门就业获取非农收入,最终产品贸易促使我国非熟练劳动力相对工资的上升,而中间产品贸易的发展对我国非熟练劳动力相对工资具有负向影响。并且,随着我国中间产品贸易占总体贸易比重的增加,贸易开放会加剧我国熟练劳动力和非熟练劳动力工资差距的扩大,不利于农民非农收入差距的缩小。

1.2.3　研究内容

针对以上研究目标,相对应的具体研究内容如下:

第一,对我国贸易开放、农民非农收入的历史及现状进行描述性分析。

自 1978 年改革开放以来,我国的外贸依存度逐步提高,伴随着贸易开放的逐步深入,我国农民的非农收入也呈逐年上升趋势,相对于农业生产性收入比重的下降,非农收入在农民总收入中的比重逐年上升,农民非农收入已越来越成为我国农民收入来源中的重要组成部分,近年来,农民非农收入已超过农业收入,成为农民收入增长的关键。

第二,运用泰尔指数,就我国农民非农收入差异进行测算,并按东部、中部和西部地区将我国农民非农收入差异分解为地区间和地区内差异。

第三,运用实证分析方法,建立贸易开放与农民非农收入影响关系的实证分析模型,定量测度和深入揭示贸易开放对农民非农收入的影响方向及程度。

第四,定量测度农民非农收入的地区收敛性,建立实证模型分析贸易开放与农民非农收入地区收敛的影响关系,深入揭示贸易开放对农民非农收入地区收敛的影响方向及程度。

第五,对我国工业部门对外贸易结构的变化趋势进行分析,从理论角度阐述对外贸易的发展变化对非熟练劳动力相对需求的影响机制。同时测算我国工业部门的全要素生产率,以此衡量我国工业部门的技术进步,运用回归分析方法,分析贸易开放对工业部门技术进步的溢出效应,探讨贸易开放通过技术进步对非熟练劳动力相对需求的影响机制。

第六,从异质劳动力收入差异,即非熟练劳动力相对工资角度出发,建立我国工业部门贸易开放对农民非农收入差异影响的实证研究框架,运用实证分析的方法,定量测度和深入揭示我国工业部门的总体贸易开放、贸易结构变化对非熟练劳动力相对工资的影响方向及程度。

1.3　研究方法、技术路线与数据来源

1.3.1　研究方法

本书是一个理论与实证相结合的研究,拟采用理论阐述与实证模型相结合、定性分析与定量检验相结合的研究方法,尤其注重计量分析。探讨贸易全球化的大背景下,全面的贸易开放通过劳动力需求可能对农民非农收入、地区收入差异和异质劳动力收入差异产生的影响。

1.3.2　技术路线

本书拟采用理论分析和实证分析相结合的方法,在已有文献的基础上,运用数据对以上研究假设给予验证,深入探讨所研究的问题。本书所采用的技术路线和研究思路如图 1-1 所示。

1.3.3　数据来源

本书使用的数据主要来源于以下几个方面:

(1)《中国统计年鉴》;

(2)各省的统计年鉴;

(3)《新中国五十五年统计资料汇编》;

(4)《中国农村统计年鉴》;

(5)《中国农村住户调查年鉴》;

(6)《中国工业经济统计年鉴》;

(7)《中国科技统计年鉴》;

(8) UN Comtrade 网站统计数据;

(9) Bureau of Labor Statistics Data 网站统计数据。

```
                    ┌──────────────┐
                    │   研究背景    │
                    └──────┬───────┘
                           ↓
 ┌ ─ ─ ─ ─ ─ ─ ─ ─ ─ ─ ─ ─ ─ ─ ─ ─ ─ ─ ─ ─ ─ ─ ─ ─ ┐
 │ ┌──────────┐    ┌────────────┐    ┌──────────┐ │
 │ │ 文献综述  │ →  │ 数据收集整理 │ → │ 专家咨询  │ │
 │ └──────────┘    └────────────┘    └──────────┘ │
 └ ─ ─ ─ ─ ─ ─ ─ ─ ─ ─ ─ ─ ─ ─ ─ ─ ─ ─ ─ ─ ─ ─ ─ ─ ┘

 ┌ ─ ─ ─ ─ ─ ─ ─ ─ ─ ─ ─ ─ ─ ─ ─ ─ ─ ─ ─ ─ ─ ─ ─ ─ ─ ─ ┐
 │ ┌────────┐  ┌────────┐  ┌────────┐  ┌────────┐ │
 │ │ 理论基础 │→ │ 文献回顾 │→ │ 分析框架 │→ │ 研究假说 │ │
 │ └────────┘  └────────┘  └────────┘  └────────┘ │
 └ ─ ─ ─ ─ ─ ─ ─ ─ ─ ─ ─ ─ ─ ─ ─ ─ ─ ─ ─ ─ ─ ─ ─ ─ ─ ─ ┘
```

对外贸易

贸易开放对劳动力需求的影响 — 贸易结构

技术进步

贸易开放对农民非农收入的影响

贸易开放对农民非农收入地区收敛的影响

贸易开放对非熟练劳动力相对需求的影响

贸易开放对异质劳动力收入差异的影响

农民非农收入差距

政策优化

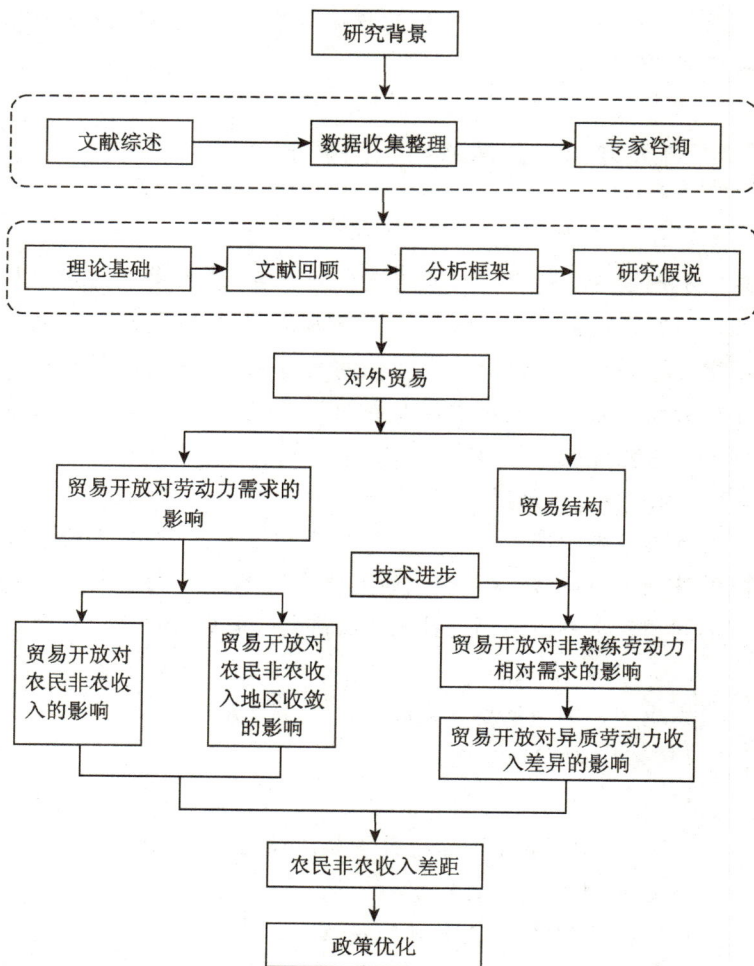

图 1-1　技术路线

1.4　结构安排

本书共 7 章, 文章的具体结构安排如下:

第 1 章: 绪论　包括研究背景与问题的提出, 研究目标、假说与内容, 研究方法、技术路线与数据来源, 结构安排, 以及本书的创新与不足。

第 2 章: 文献综述　首先界定了贸易开放、中间产品、异质劳动力、农民非农收入等基本概念;其次,介绍了有关分工的相关理论、有关贸易与要素价格的相关理论和中间产品贸易模型;最后,就贸易开放对农民收入影响及贸易开放对收入差距影响的相关研究进行综述。

第 3 章: 我国对外贸易、农民非农收入的现状分析　首先就我国对外贸易总体状况、贸易开放的地区不平等进行描述性分析;然后就我国农民非农就业及非农收入的发展、在农民增收中的作用进行描述性分析。

第 4 章: 贸易开放对我国农民非农收入及地区差异影响的实证分析　第一部分采用泰尔指数对我国农民非农收入总体差异进行地区间和地区内的分解。第二部分运用宏观经济数据,采用实证模型分析贸易开放对我国农民绝对非农收入的影响,验证研究假说一。第三部分运用宏观经济数据,采用 σ 收敛、绝对 β 收敛和条件 β 收敛分析方法实证检验贸易开放对我国农民非农收入增长及地区间收敛的影响,验证研究假说二。

第 5 章: 贸易开放对我国异质劳动力收入差异的影响机制及其适应性检验　首先对我国的贸易结构变化进行描述性分析,重点分析中间产品贸易的特点及重要性。然后分析中间产品贸易对异质劳动力收入差异的影响机制,并从贸易技术溢出角度就贸易开放对异质劳动力收入差异的影响机制在我国的适应性进行分析,验证研究假说三。

第6章:贸易开放对我国异质劳动力收入差异影响的实证分析 采用我国工业部门的行业面板数据,采用实证模型分析贸易开放对非熟练劳动力相对工资的影响。讨论其对我国农民非农收入差距的影响,验证研究假说四。

第7章:结论与建议 在对前文分析的结论做出总结的基础上,为增加我国农民非农收入、缩小地区差异提出合理的贸易开放政策,并从异质劳动力收入差异,即非熟练劳动力相对工资角度提出缩小农民非农收入差距的相应政策建议。

1.5 创新与不足

1.5.1 创新

本书在以下几个方面有所创新:

(1)农民增收是政府和学者共同关注的焦点,也是社会主义新农村建设的关键。随着贸易开放的深入,贸易开放对农民收入的影响引起了大家的关注。已有较多的研究成果主要探讨贸易开放可能对农民农业生产性收入的影响,然而,从我国农民的收入来源来看,当前我国农民的非农收入已经超过农业收入成为农民的首要收入来源。我国的贸易开放是全面的开放,贸易开放不仅通过农产品价格影响农民的农业收入,也会通过就业创造吸纳农村剩余劳动力进入非农部门影响农民的非农收入。本书从农民非农收入这个新的视角分析贸易开放对农民增收、收入差距的影响,是对已有研究的有益补充,对农民收入的增加可能更具有现实指导意义。

(2)本书在分析贸易开放对农民非农收入及地区差异影响的基础上,进一步分析贸易开放对异质劳动力收入差异,即非熟练劳动力相对工资的影响,更为全面地揭示贸易开放对农民非农收入差距的影响,为分析农村居民收入差距的扩大提供了一个新的视角。

1.5.2 不足

由于资料、时间、经费及笔者科研能力和研究手段的制约,本书也存在一些明显的不足,主要体现在:

(1) 本书第 5 章贸易开放与技术进步关系的实证分析中,分析框架与模型显得相对薄弱。

(2) 由于受到数据的限制,分析贸易开放对异质劳动力收入差异的影响时,并没有直接采用工业部门中农民熟练劳动力和非熟练劳动力的相对工资,而是用总体熟练劳动力的相对工资进行分析。

第 2 章 文献综述

本章主要分为三个部分,首先对相关概念及其在本书中的运用进行解释和界定;其次对本书赖以支撑的基本理论进行简要的阐述;最后简要回顾和总结与贸易开放对农民非农收入及收入差距影响有关的文献。

2.1 相关概念的界定

2.1.1 贸易开放

贸易开放是指一国通过降低、消除关税及非关税壁垒,促使产品及生产要素在国际及本国市场更加自由流通的一种政策选择。虽然本书涉及的对象是农民,但是由于农民非农收入的获取来源于非农部门,所以本书所指的贸易开放是指全面的开放,这种全面贸易开放对国内各个生产部门都会产生影响,只是在影响的程度上可能会有所不同。

2.1.2 中间产品

中间产品(Intermediate goods)是继续投入生产过程的初级产品和工业再制品,是经过一些制造或加工过程,但还没有达到最终产品阶段的产品。一种产品从初级产品加工到提供最终消费要经过一系列生产过程,在没有成为最终产品之前处于加工过程中的产品统称为中间产品。在产品的生产过程中,中间产品可以概括为四类产品:① 初级产品,即生产中所使用的原材料;② 半成品,在形成最终产品以前的阶段性产品,与最终产品相比,半成品不能直接满足最终消费需要;③ 零部件,生产最终产品所用的零件;④ 服务,与产品生产过程所相关的服务。从广义的中间产品来说,以上四类都应该视为中间产品。可是由于初级产品一般主要由一国的自然资源禀赋决定,与国际贸易分工关系不密切,而产品生产过程中的服务理论上也应视为中间产品,但是由于其在统计上很难精确计算,所以本书所指的中间产品包括半成品和零部件两部分。

2.1.3　异质劳动力

本书的异质劳动力是指熟练劳动力与非熟练劳动力。熟练劳动力与非熟练劳动力是物质资料生产劳动的一对范畴。从事相同工种的劳动者是不同质的,体现在运用劳动资料方面,即加工劳动对象的技术和经验方面存在差别,因而可以简单地将劳动力分为熟练劳动力和非熟练劳动力。一般而言,熟练劳动力具有较高的学历、丰富的专业技能知识和较强的动手能力;而非熟练劳动力则受教育程度低,没有专门的劳动技能,往往只能从事简单的劳动。

不同国家对劳动者进行统计时的分类标准存在差异,关于熟练劳动力与非熟练劳动力的衡量标准自然也存在差别。例如,美国依据是否从事生产性工作,将劳动力分为生产性工人和非生产性工人。但总的来说,基于熟练劳动力和非熟练劳动力的特征,一般按以下两个标准来区分熟练劳动力和非熟练劳动力:① 受教育程度高和受教育程度低;② 专业技术人员和非技术人员。在我国劳动统计年鉴中,2000 年以后开始有“专业技术人员”这个统计指标,但没有各细分行业的专业技术人员及专业技术人员的工资。由于我国的统计数据并没有各细分行业按这两类定义的劳动力的工资数据,所以本书采用各细分行业从事科技活动人员的平均工资表示熟练劳动力的工资,剩下的从事非科技活动的工人的平均工资代替非熟练劳动力的工资。

2.1.4 农民非农收入

由于经济体制的影响,我国存在明显的二元经济结构,计划经济时代,我国农民主要从事农业生产活动获取农业生产性收入,而随着经济体制的变化,农民开始从农业部门转移到非农部门工作获取非农收入。从农民的收入构成来看,我国农村居民纯收入按来源分为工资性收入、家庭经营纯收入及转移性和财产性收入三类。工资性收入是农民从事非农业生产而获得的收入;家庭经营纯收入是农民从事农业及农业加工业等所获得的收入;转移性和财产性收入是农民获得的非劳动收入。本书中的农民非农收入主要是指农民从事非农产业生产、经营所取得的收入,主要由工资性收入和家庭经营纯收入中从非农产业中获取的收入两部分构成。

2.2 理论综述

2.2.1 分工理论

2.2.1.1 绝对比较优势

亚当·斯密是国际分工和国际贸易理论的创始者。1776 年,他在其代表著作《国富论》中,提出了国际分工与自由贸易的理论。其绝对优势理论的核心内容就是,分工可以提高劳动生产率,而分工的原则是成本的绝对优势或绝对利益。分工既然可以极大地提高劳动生产率,那么每个人专门从事他最有优势的产品的生产,然后彼此交换,则对每个人都是有利的。分工适用于一国内部不同个人或家庭之间,也适用于各国之间。国际分工就是各种形式分工中的最高阶段。如果外国的产品比自己国内生产的要便宜,那么最好是输出在本国有利的生产条件下生产的产品,去交换外国的产品,而不要自己去生产。斯密认为,每一个国家都有其适宜于生产某些特定产品的绝对有利的生产技术,而这种有利的生产技术来源于有利的自然禀赋或后天的有利条件。自然禀赋和后天的条件因国家而不同,这就为国际分工提供了基础。

因此,绝对优势理论认为,国际贸易,即国际的交换活动动力是国家间的绝对技术差异,由于绝对优势理论将劳动作为唯一被考虑的投入要素,故而其中的技术差异其实指的是劳动生产率差异。而这种差异的原因是各国的自然禀赋,所以绝对优势理论认为贸易产生的基本原因是外生的,也就是说,是既定因素,无法改变。

2.2.1.2　相对比较优势

"绝对成本说"解决了具有不同优势的国家之间的分工和交换的合理性。但是,这只是国际贸易中的一种特例。如果一个国家在各方面都处于绝对的优势,而另一个国家在各方面则都处于劣势,那么,国际贸易是否还会产生? 对此,在亚当·斯密的绝对优势理论的基础上,大卫·李嘉图(David Ricardo)于1817 年创立了比较优势理论,其主要贡献在于比较优势理论认为国际贸易产生的基础并不局限于生产技术的绝对差别,只要各国之间存在着生产技术上的相对差别,就会出现生产成本和产品价格的相对差别,从而使各国在不同的产品上具有比较优势,使国际分工和国际贸易成为可能,进而获得比较利益。总之,比较利益学说进一步分析、揭示了国际贸易所具有的互利性和国际分工的必要性。它证明各国通过出口相对成本较低的产品,进口相对成本较高的产品就可能实现贸易的互利。比较优势理论的分析条件与绝对优势理论几乎一样,与亚当·斯密一样,李嘉图的比较优势理论视技术差异为外生条件,劳动仍是唯一要素。不能完全涵盖生产技术本身,这是两者共同的局限所在,对其分析也只是停留在一个静态的层面。

2.2.1.3　赫克歇尔-俄林理论

赫克歇尔-俄林继承和发展了李嘉图的比较成本理论,对之前单要素的模型进行了拓展和改进,提出了要素禀赋论,用生产要素的丰缺来解释国际贸易产生的原因。俄林认为,商品价格的绝对差异源于成本的绝对差异,而成本的绝对差异是由以下因素造成的:第一,生产要素的供给不同,即两国的要素禀赋不同;第二,不同产品在生产过程中所使用的要素的比例不同(要素密集程度不同)。赫克歇尔-俄林理论认为,如果只有两种产品、两种生产要素和两个国家,且两国的需求结构相同,一国将会出口那些密集使用相对丰裕要素生产的产品,同时进口那些密集使用相对稀缺要素生产的产品。

赫克歇尔-俄林生产要素禀赋理论自创立以来,虽然受到里昂惕夫等学者的质疑,但仍被奉为当代国际经济理论中的圭臬。西方经济学界认为该理论构成了对古典学派李嘉图比较成本说的重大挑战,奠定了现代国际贸易理论的基石。赫克歇尔-俄林理论有助于我们分析、判断和预测世界各国的贸易模式,并制定相应对策,在充满风险的国际竞争中知己知彼,掌握主动权。当然,新古典贸易理论假设两个国家的技术水平相同、生产规模报酬固定、存在完全竞争市场等。由于这些假设条件的存在,该理论较易于解释禀赋差异较大的国家之间的比较优势状况,但实际上各国间的要素禀赋并不像想象中那么明显,该理论在现实中的应用可能存在偏差。

2.2.2　有关贸易与要素价格理论

2.2.2.1　斯托尔佩-萨缪尔森定理

在赫克歇尔-俄林理论的分析框架下,斯托尔佩、萨缪尔森补充了比较成本学说的"赫克歇尔-俄林理论",对贸易国之间的生产要素价格趋向均等的条件做了严密论证,得出斯托尔佩-萨缪尔森定理:在最终产品价格和生产要素报酬之间存在一一对应关系,即如果假定只有食品和工业制成品这两种商品,那么知道了食品和工业制成品的价格,就可以推导出工资率和租金率;反之,如果知道工资率和租金率,就可以推导出食品和工业制成品的价格。如果国家之间的贸易使得食品和工业制成品的价格均等化,那么工资率和资本租金率也将趋于均等。那么如果食品生产为劳动力密集型且食品的价格上涨,工资率将上升,租金率会下降。如果资本密集型的工业制成品的价格上升,则租金率将上升,工资率会下降。简言之,斯托尔佩-萨缪尔森定理假定只有两种商品和两种生产要素,而且两国都生产这两种商品,如果某一种商品价格上升,密集投入那种商品的生产要素报酬就会上升,而另一种生产要素的报酬就会下降。

2.2.2.2 琼斯放大效应

斯托尔佩-萨缪尔森定理得出如果某一种商品价格上升,密集投入那种商品的生产要素报酬就会上升,而另一种生产要素报酬就会下降的结论,但举例说,工业制成品的价格上升,租金率就会上升,可是哪个上升得更快,斯托尔佩-萨缪尔森定理并没有回答。对于价格相对量的计算,罗纳德·琼斯证明得出:在新古典分析框架下,假定只有两种商品(工业制成品和食品)、两种生产要素(资本和劳动力)的相应的生产要素报酬(租金率和工资率),最终产品价格的变动会在生产要素报酬中被放大,以相对量计算的要素价格变动量要大于最终产品价格的变动量。

2.2.3 新贸易理论

经典国际贸易理论都存在较多假设,例如:一国的要素禀赋给定,劳动力要素是同质的,一国的技术水平固定。基于这些假定推导出的要素价格均等化定理、斯托尔佩-萨缪尔森定理等都是基于静态的分析,并且经典贸易理论研究的对象都是最终产品。然而,随着国际贸易水平的发展、国际分工的深化,中间产品贸易发展迅速,每个国家所处的生产环节不同会对要素的相对价格产生不同的影响,而中间产品价格的变化也会对要素的相对价格产生影响。所以传统的经典贸易理论已经无法解释现实中的国际贸易发展,由此新的国际贸易理论应运而生。Feenstra & Hanson(2003)提出基于发达国家视角的外包理论,假定生产要素包括熟练劳动力、非熟练劳动力和资本,而一个行业的生产从研发、生产、销售、服务由一系列的中间产品生产阶段组成,将这些生产阶段按技术含量从低到高排列。由于各国的要素禀赋不同,所以要素的相对价格存在差异;由于发达国家熟练劳动力和资本丰裕,而发展中国家非熟练劳动力充裕,所以,发达国家的熟练劳动力的相对工资和资本收益率都低于发展中国家。初始状态下,成本最小化使得发达国家从事高技术阶段的生产,而发展中国家从事低技术阶段的生产,但随着资本报酬的变化,发达国家逐步将其国内低技术的生产环节外包给发展中国家,导致发达国家国内非熟练劳动力的需求减少,熟练劳动力的相对需求和相对工资上升,但由于发展中国家承包的发达国家的低技术生产环节相对于本国技术而言仍属于高技术生产,所以会导致我国熟练劳动力相对需求的增加,其相对工资上升。

　　传统经典贸易理论假定劳动力是同质的,所以,一国某种要素的相对收入增加(减少),其贸易国这种要素的相对收入则会减少(增加),两者的变化方向是相反的,要素价格趋于均等化。中间品贸易模型允许劳动力是异质的,技术高低不同的一系列中间产品生产阶段所需要的劳动力素质是不一样的,而非熟练劳动力在短时间内不可能转移到较高技术的中间产品的生产中,流动是受阻碍的。所以中间产品贸易模型中,中间产品贸易既提高了中间产品进口国(欧美等发达国家)熟练劳动力的相对工资,同时也可以提高中间产品出口国(中国、印度等发展中国家)的熟练劳动力的相对工资。

2.3　文献回顾

2.3.1　关于贸易开放对农民收入影响的研究

农民收入作为农民福利最重要的方面一直受到大家的关注，随着中国加入 WTO，关于贸易开放对农民收入影响的研究颇丰。有研究表明，贸易自由化会给发展中国家的农业生产带来负面影响，农业生产衰退，农产品尤其是粮食进口扩张，农产品价格下降，出口收入减少；粮食安全受到威胁等（Karp，1998；Furusaway，1999；大卫·格林纳韦，2000；程国强，2000；冉浩，2002；胡迎春 等，2003；等等）。关于贸易开放对我国农业和农民收入的影响在国内有很多研究，影响农民收入的因素中，农产品价格水平被认为是相对主要、相对直接、相对市场化的影响因素（林毅夫，2004；黄季焜，2002）。理论界普遍认为，目前我国农民尤其是贫困地区的农民中，从事农业生产的人口占绝大多数，农民的收入来源以农业生产所获收入为主，在既定的生产条件、生产率水平及产量前提下，农民的收入很大程度上取决于农产品价格水平（程国强，2000；张冬平，2002）。张荣轩（2004）分析了 1978—2002 年我国农产品价格水平和农民收入的变动情况，实证检验结果表明，农民收入很大程度上取决于农产品价格水平及收入中农林牧渔收入所占比重，农民收入与农产品价格水平呈显著正相关。

所以，关于贸易开放对农产品价格的影响引起广泛的关注。贸易开放使得国外价格较低的农产品，如粮食、棉花等进入中国市场，与我国同类农产品产生竞争，导致这类农产品价格下降，生产这类农产品的农民收入减少（马晓河，2001；徐景峰，2000）。同时，贸易开放后，出口农产品的名义保护率逐步降低，特别是削弱了对小麦、玉米、棉花、稻谷和大豆等农产品的保护，在国际市场上,原来受保护的农产品价格优势消失,面临出口竞争压力,出口减少,对主要生产这些产品的农民的收入产生冲击(李石新 等,2005)。张蕙杰(2006)通过实证分析发现加入 WTO 后,国际粮食市场价格对我国国内主要粮食品种的影响都较大,尤其对麦农收入影响最大,并计算出加入 WTO 将使我国粮食主产区农民生产水稻、小麦、玉米、大豆的收入平均减少7.6%,6.96%,4.95%,5.46%。农民种植这 4 种粮食作物的收入分别比现在平均减少 465 元、426 元、303 元和 334 元。因此,一些观点把贸易开放作为农产品价格下降的现实问题和潜在威胁,贸易的全面开放将会使农产品价格进一步下降,使农民的收入和福利下降(张荣轩,2004)。农产品尤其是粮食进口扩张,农产品价格下降,出口收入减少,农业贸易赤字扩大,粮食安全受到威胁(胡迎春 等,2003;程国强,2000;冉浩,2002;等等)。然而,农产品市场的开放对农民收入的影响不可一概而论,农产品价格水平的变动对不同类型的农户具有不同的影响,大量的研究和分析从比较优势角度出发认为,对于劳动密集型农产品生产者、土地密集型农产品生产者及从事非农就业的农民而言,市场开放对其福利的影响应该分别进行研究(林毅夫,2004;常运诚,2002;周艳恒,2003;周燕,2003)。黄季焜等(2005)通过实地调研数据,从不同地区、不同生产结构、不同农户的角度分析得出,贸易自由化对小麦、玉米、棉花、油料与糖料等生产有负面影响,这类产品价格会下降;贸易自由化对大米、蔬菜、水果、肉类与水产品等中国有比较优势的产品的生产则有积极作用。贸易自由化将导致这些产品价格提高,并刺激国内生产扩张。加入 WTO 后,国际粮食市场价格会对我国国内主要粮食品种产生较大的影响,短期内会对中国农业的冲击和对中低收入阶层农民的收入的负面影响是不可低估的,在一定时期内仍需要政府对部分产品的生产给予适当的保护(黄季焜,李宁辉 等,1999;

黄季焜，Scott Rozelle et al，2002；朱晶，2004）。

从研究方法上看，一般均衡和局部均衡模型是研究中常用的方法（中国国务院发展研究中心课题组，1998；Yang，Zhong，1998，Bach，Martin，Stevens，1995；Huang Jikun，Chunlai Chen，Scott Rozelle，1999；杨建清，2003；等等）。程国强（2006）利用 ATPSM 模型分析了在世界范围内取消出口补贴对中国农业及农民福利的影响。研究结果表明，取消出口补贴有利于扩大中国优势农产品出口，在一定程度上减缓农产品进口压力，改善中国农民就业、增收的国际环境。

关于贸易开放对农民收入的影响，已有的文献比较关注贸易开放对农业的冲击，以及对农民农业生产性收入的影响。然而农民收入既包括农业生产性收入，也包括非农收入，从收入来源的构成分析，非农业收入已成为农民收入的重要组成部分（刘安萍，2006）。目前，农民农业生产性收入增长缓慢，近年来农民收入的主要增长来自非农业收入（郭占庆，2002；国家发展改革委宏观经济研究院课题组，2005）。解决农民收入问题的关键是农民实现非农就业（蔡昉，2005；钟甫宁 等，2007）。黄季焜等（1999）认为贸易自由化影响农业部门生产的同时为其他行业创造新的就业机会，农村剩余劳动力向非农部门转移，有利于农民增收。加入 WTO 后，根据比较优势，我国劳动密集型产品出口竞争力加强，中国纺织品出口可能导致农民收入上升（林毅夫，2002）。已有的针对农民非农就业和非农收入影响的研究，大多集中于分析农户微观因素的影响，如农户的年龄、教育等个人特征，耕地面积等家庭特征，如张艳华、李秉龙（2006）采用 Heckman 备择模型估计了不同人力资本指标及个人特征变量对非农收入的影响；肖艳芬和陈风波（2005）利用逐步线性回归模型对农村劳动力非农收入的影响因素进行了分析，苏群等（2007）采用二元 logistic 模型和明瑟收入模型，分别对苏南、苏中、苏北三个地区影响农村劳动力非农就业选择及其收入的人力资本因素进行了实证分析。相比之下,分析贸易开放对非农收入影响的研究鲜见。

2.3.2　关于贸易开放对收入差距影响的研究

赫克歇尔-俄林理论、斯托尔佩-萨缪尔森定理分析了贸易开放对要素价格变动的影响,然而自 20 世纪 80 年代以来,随着全球化的深入、国际贸易的发展、世界经济的飞速增长,无论是发达国家还是发展中国家,收入差距都呈扩大趋势,这与传统经典贸易理论(赫克歇尔-俄林理论、斯托尔佩-萨缪尔森定理)的预期不符,由此关于贸易开放与收入差距的关系问题成为学界关注的热点。既然发达国家和发展中国家收入差距都扩大的现象无法用经典的贸易理论进行解释,有些学者就提出贸易与发达国家收入不平等加剧毫不相干,技术进步才是发达国家收入差距扩大的根本原因(Slaughter,1993;Krugman,Lawrence,1994;Bhagwati,1995;Krugman,2000);而另一些学者通过对传统贸易理论进行修正认为贸易仍然是发达国家收入差距扩大的直接原因(Wood,1994,1999;Leamer,1998,2000;等等)。

关于贸易对收入差距扩大的影响机制,Feenstra(1996)等从中间产品贸易视角解释发达国家和发展中国家收入差距同时扩大的原因,认为发达国家将低技术生产环节外包给发展中国家,通过进口中间产品替代国内生产,增加发达国家国内技术劳动力的相对需求和工资,发展中国家承包的发达国家的低技术生产环节相对于本国技术而言仍属于高技术生产,由此产生的中间产品贸易增加了发展中国家对技术劳动的需求,扩大了收入差距(Feenstra et al,1997;Anderton et al,1999;Wood,2002;Lee,2006)。众多学者就国际贸易的技术溢出进行了分析。传统的贸易理论认为技术进步相对于贸易来说是外生变量,然而现实中由于存在"干中学"效应,贸易能促进进出口部门的技术进步(Grossman，Helpman，1991)。有研究表明发达国家的贸易会引起进口竞争部门的技术进步(Robbins，1995；Wood，1994，1995，1997；Panagariya，2000)。李小平(2004)对我国贸易的技术溢出情况的分析认为，虽然我国由国际贸易带来的技术进步获利不是很大，但短期内国际贸易在一定程度上促进了我国的技术进步。正如内生增长理论所提出的，技术进步作为内生变量与贸易密切相关，这种贸易导向型的技术进步是对传统理论在技术动态方面的有力修正。无论是发达国家还是发展中国家，国际贸易引起的技术进步会减少对非技术劳动的需求，增加技术劳动相对非技术劳动的边际生产率，提高技术劳动的相对工资(Bound，Johnson，1992；Katz，Murphy，1992；Berman，Bound，Griliches，1994；Autor，Katz，Krueger，1998；Berman，Bound，Machin，1998；Robbins，1995；Wood，1994，1995，1997；Panagariya，2000；等等)，从而扩大发达国家和发展中国家的收入差距。

目前，不同的理论从不同的角度分析贸易与收入差距的关系问题，基于理论的多样性，学界关于贸易开放对收入差距的影响并没有明确。因此贸易开放对收入差距的影响成了一个经验问题，于是大量的实证文献对此进行了探讨，希望能找到贸易对收入差距影响的定论，然而，目前并没有得出简单的结论(文娟，2009)。既有的文献从不同的角度对收入差距进行了分析：

(1) 贸易与国家间收入差距关系的研究

Dollar(2004)的研究表明全球化使得低收入国家的经济增长率高于高收入国家，经济全球化是减少国家间收入不均等的积极因素。而万广华等(2008)通过对 81 个国家的面板数据进行实证分析得出，贸易和外商直接投资加剧了国家间的收入不均等，并且贸易的贡献大于外商直接投资。通过进一步分析，高收入国家间的不均等基本保持稳定，而低收入国家间的收入不均等却在加剧。由于各国具体情况和全球化的内容不同,全球化对国家间收入差距的影响是不确定的(O'Rourke,2001)。

（2）贸易与国家内收入差距关系的研究

关于贸易开放对国家内部总体居民收入差距影响的实证研究结论并未达成一致。有些研究表明经济开放加剧了国内收入差距(William R. Cline,1999;Bloomington,Francois Neilson,2001),而有些研究却得出经济开放有利于国内居民收入差距的缩小(G. S. Fields,1984;ICC,2003)。Branko Milanovic(2002)指出,发展中国家的开放与国内收入差距的关系呈倒"U"形;Vincent A. Mahler(2002)的研究发现,经济开放与一国收入差距的关系很弱。在不同的国家,贸易对收入差距的影响作用也不同。Andreas Savvides(1998)的研究表明,不发达国家贸易开放加剧了收入分配的不平等,而发达国家的贸易开放对收入差距没有产生影响。另有研究发现东亚新兴经济体国内收入差距缩小,而拉美国家的收入差距扩大(Wood,1999)。关于贸易对美国国内收入差距是起了恶化作用还是改善作用,一系列研究得出了完全对立的结论(Bourguignon,1990;Spilim-bergo,1999;Fishcher,2001;Silva,2003)。近年来,国内也有学者研究了贸易开放对我国国内收入差距的影响。王和翟(1998)采用一般均衡模型分析结果表明贸易自由化后,我国经济效率上升,有利于收入差距的缩小。徐水安(2003)等采用动态两要素模型进行分析,其研究结果同样认为贸易有利于缩小我国收入不平等。而另一些研究却得出相反的结论,即贸易开放恶化了我国的收入分配状况(王少瑾,2007;戴枫,2005;赵莹,2003)。还有学者指出贸易开放与收入分配不是简单的线性关系,何璋、草东海(2003)认为两者之间是"凹"形的关系,贸易开放先缩小收入不平等,开放到一定程度,贸易开放会扩大收入不平等。无论是国际还是国内,关于贸易开放对一国收入差距的影响没有明确的结论,这是由研究数据、分析方法等的差异所致。

（3）贸易与地区间收入差距关系的研究

导致一国地区收入不平等的众多因素中贸易是不可忽视的（文娟,2008）。Pernia 等（2003）通过对菲律宾的研究发现贸易扩大了菲律宾地区经济增长差距。关于贸易对中国地区收入差距的影响,Jian、Sachs 和 Warner（1996）对 1953—1993 年中国经济的研究认为改革开放后地区经济增长是收敛的。而金相郁、郝寿义（2006）的研究表明中国地区经济发展差距在改革开放以前呈倒"U"形,之后为"S"形。万广华、陆铭和陈钊（2005）采用 1987—2001 年 29 个省的面板数据,运用夏普里值法,得出贸易开放、外资对我国地区间收入差距影响为正,并且影响程度在加强。我国是典型的二元经济国家,基于此,关于地区间收入差距,大量研究将视角集中到我国的城乡收入差距。Wei 和 Wu（2001）采用 1988—1993 年 100 多个城市的面板数据,用外贸依存度衡量开放,研究表明贸易开放减轻了城乡收入不平等程度。曾国平（2006）通过对我国 27 个省市的面板数据进行实证分析表明经济开放对我国城乡收入差距变动的关系呈倒"U"形。胡超（2008）的研究也发现 1985—2005 年我国贸易开放与城乡居民收入差距呈倒"U"形,2004 年为分界点。周娟和张广胜（2008）采用 1988—2005 年省级面板数据,得出贸易开放与全国、中西部地区城乡收入差距呈倒"U"形。然而,也有研究认为贸易与我国城乡收入差距无关（高展军,于文祥,杜寒芳,2005）。顾磊（2009）实证检验发现城乡收入差距与中间品贸易之间是长期稳定的关系,而中间品贸易进口和贸易结构的升级导致城乡收入差距扩大。

（4）贸易与行业收入差距关系的研究

关于贸易对行业工资的影响,Freeman 和 Lawrence（1991）最早采用美国 1958—1984 年制造业细分行业面板数据得出贸易与行业工资显著相关。1994 年 Gaston 和 Trefler 的研究进一步指出，美国贸易开放和制造业行业工资是负相关。关于发展中国家贸易对行业工资影响的研究存在很大分歧。对巴西、摩洛哥的研究表明，贸易开放与行业工资关系不显著（Currie，Harrison，1997；Pavcniketal，2004）；而对墨西哥、哥伦比亚的研究发现贸易开放后先前受保护部门工人的相对工资减少了（Revenga，1997；Goldberg，Pavcnik，2005）。

国内已有学者研究贸易开放对我国行业工资差距的影响，俞会新（2002）的实证研究发现贸易开放提高了出口导向行业的相对工资，降低了进口竞争行业的相对工资；鲁晓东（2007）采用1995—2005 年 11 个行业的面板数据，回归结果表明出口贸易是导致行业收入差别的主要因素。陈怡（2009）采用我国 1998—2006 年 27 个制造业行业的面板数据发现，出口对行业相对工资有正向的上拉作用，进口对行业相对工资有负向的下拉作用，但进出口对不同类型行业的影响程度和方向不同。

（5）贸易与异质劳动力收入差距关系的研究

收入差距不仅体现在国家间、地区间和行业间，由于劳动力是不同质的，收入差距还存在于熟练劳动力和非熟练劳动力之间。正如传统经典贸易理论所预期的，现实中，美国、英国等发达国家的熟练劳动力的相对工资呈现上升趋势，大量实证检验（Wood，1997；Leamer，2000；Sachs，1994；Haskel，2001）表明，贸易确实是导致发达国家熟练劳动力与非熟练劳动力收入差距变大的主要原因之一。

然而，发展中国家贸易开放后，国内的熟练劳动力与非熟练劳动力的收入差距却出现了与传统理论预期相反的结果，贸易自由化后，智利、墨西哥、乌拉圭等发展中国家的熟练劳动力相对于非熟练劳动力的工资差距也呈上升趋势（Hanson，1999；Beyer，1999）。Xu 和 Li（2007）通过实证分析得出总体贸易开放对我国不同学历就业人员的工资差距直接影响为负。而潘士远（2007）的研究却发现贸易自由化扩大了技术劳动力与非技术劳动力的工资差异，他认为这是由于贸易自由化，发展中国家的学习效应是有偏于技术知识的生产。

2.3.3　文献总结

通过对现有文献的回顾发现，贸易开放会对我国农业产生直接冲击。近年来，关于贸易开放对我国农民收入的影响的文献大都分析贸易开放对农民农业生产性收入的影响，而农民收入除了农民生产性收入外还包括非农收入，贸易开放后大量农村劳动力向工业部门转移获取非农收入，因此本书将分析贸易开放对我国农民非农收入的影响，这是对贸易开放对我国农民收入影响的有益补充。

关于贸易开放对收入差距的影响，在中国问题的研究上，大量文献较多讨论的是贸易开放对我国地区、行业收入差距的影响。然而关于贸易开放对农民非农收入差距影响的文献较少，而我国农民非农收入差距不仅存在于地区之间，还体现在异质劳动力，即熟练劳动力与非熟练劳动力之间，而且国内关于贸易开放对熟练劳动力与非熟练劳动力之间的工资差距影响的文献较少。从已有研究来看，对于我国熟练劳动力和非熟练劳动力工资差距扩大的现象，确实有研究注意到（Xu，Li，2008；等等），但未就其原因进行更加深入的分析。基于此，本书将分析我国工业部门的贸易开放对异质劳动力，即熟练劳动力与非熟练劳动力工资差距的影响，并从贸易结构角度深入探讨其中的原因，以此分析贸易开放对农村非农收入差距的影响。

第 3 章　我国对外贸易、农民非农收入的现状分析

近年来,农民非农收入对农民增收的重要性已得到普遍重视。改革开放以来,我国对外贸易发展迅速,贸易开放会通过产品、劳动力市场的传导,对我国农民非农收入的增长产生影响。要讨论全面的贸易开放对我国农民非农收入的影响,首先需要对我国的对外贸易开放、农民非农收入水平的历史和现状进行相应的描述和分析。

3.1　改革开放以来我国对外贸易情况分析

3.1.1　我国贸易开放的总体状况

改革开放以来,我国的对外贸易发展迅速,贸易规模飞速扩大。1978 年我国的贸易进出口总额为 355 亿元,其中进口额为 187.4 亿元,出口额为 167.6 亿元,进口额大于出口额,为净进口国;而 2007 年我国的贸易进出口总额为 166 740.2 亿元,其中进口额为 73 284.6 亿元,出口额为 93 455.6 亿元,出口额大于进口额,我国已成为贸易顺差国。贸易总额的年均增长率为23.63%。特别是 2001 年我国加入 WTO 后,我国的对外贸易发展更是迅速,2001—2007 年贸易总额的年均增长率为42.21%(图 3-1)。相对于世界贸易的发展,1978 年我国在世界贸易中的排名为 32 位,而 2005 年已经升至世界第 3 位,之后持续保持前三的位置,我国已经成为世界贸易大国。

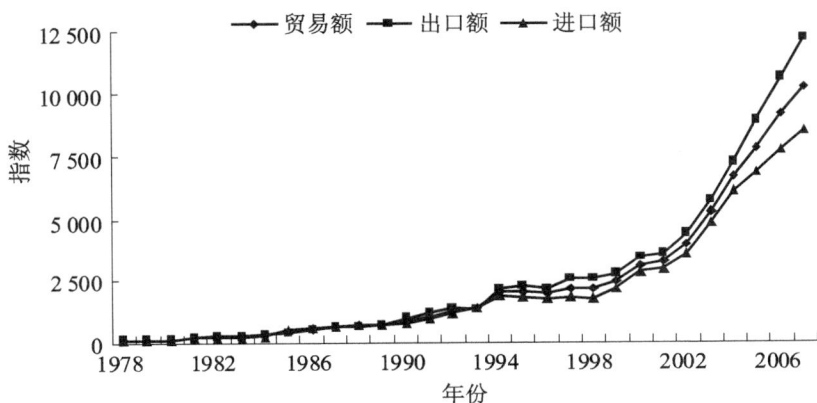

图 3-1　1978—2007 年我国对外贸易总体情况

注:1978 年指数＝100。

数据来源:《中国统计年鉴》。

　　伴随着一国经济的增长,贸易总额也会增长,为了反映一国的贸易开放程度,常采用贸易依存度这个概念,即一国的贸易额与一国总体经济的比值。通过计算,1978 年我国的外贸总体依存度为 9.74％,其中进口依存度为 5.14％,出口依存度为 4.60％,而 2007 年我国的外贸依存度大幅度提高,外贸总体依存度为 66.82％、进口依存度为 29.37％,出口依存度为37.45％,分别为 1978 年的 6.89 倍、5.76 倍和 8.33 倍(图 3-2)。外贸依存度大幅提高说明改革开放以来,我国经济的发展已经和对外贸易密不可分,对外贸易对我国经济的发展起到显著的促进作用,在一定程度上,我国的外向型经济已经基本确立。

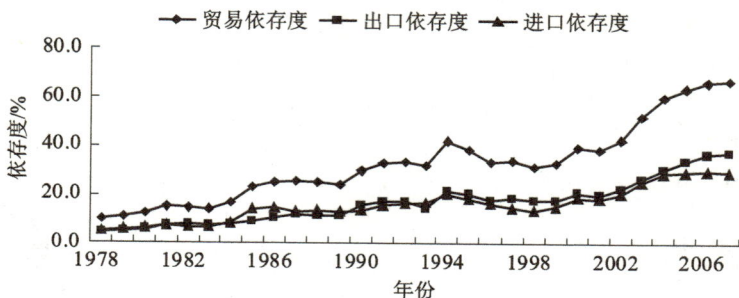

图 3-2　1978—2007 年我国对外贸易依存度

数据来源:通过《中国统计年鉴》数据计算所得。

回顾我国对外贸易的发展历程,总体上看,1978 年以来我国对外贸易的发展可以分为三个阶段:

第一阶段:1978—1991 年。这段时期为改革开放初期,我国政府开始实行外贸承包经营责任制,外贸企业经营机制逐步发生转变,经过放权让利的过程,在改革开放的政策背景下,我国的对外贸易得到前所未有的蓬勃发展,进出口贸易总额、出口额、进口额由 1978 年的 355 亿元、167.6 亿元和 187.4 亿元上升到 1991 年的 7 225.8 亿元、3 827.1 亿元和 3 398.7 亿元,贸易总额年平均增长 26.09%。外贸依存度也由 1978 年的 9.74% 上升到 1991 年的 33.17%。然而,这段时期,我国对外贸易出口小于进口的年份居多,对外贸易格局以逆差为主。

第二阶段:1992—2000 年。这段时期是我国对外贸易的深化发展期,贸易稳步发展。1992 年开始,我国贸易政策体系的改革已经不局限于贸易权和外贸企业等内容,我国贸易政策开始以国际规则为导向。1992 年 10 月,江泽民同志在党的十四大所做报告中提出了"深化外贸体制改革,尽快建立适应社会主义市场经济发展的,符合国际贸易规范的新型外贸体制"。符合国际贸易规范就是要符合关税及贸易总协定的规范,因此我国提出改革方向是统一政策,平等竞争,自负盈亏,工贸结合,推行代理,以建立适应国际通行规则的外贸运行机制。1994 年,我国进行了外汇管理体制改革为核心,综合配套的新一轮外贸体制改革。我国开始实施汇率并轨,建立了以市场供求为基础的、单一的、有管理的浮动汇率制度,实行人民币经常项目下的有条件的可兑换,取消外汇留成制和上交外汇任务,并建立外汇指定银行间的外汇交易市场。这一轮全面的外贸体制改革的实施,加强了市场经济机制的调节作用,促进了我国对外贸易市场化,对外贸易飞速增长。进出口贸易总额由 1992 年的 9 119.6 亿元上升到 2000 年 39 273.2 亿元,年平均增长率为 20%。1994年外贸依存度首次突破 40%,劳动密集型产业、加工贸易的发展,使得这段时期大多数年份的出口大于进口,我国由贸易逆差国变为贸易顺差国。

第三阶段:2001—2007 年。这段时期是我国对外贸易的高速发展期,2001 年 12 月中国加入 WTO,在市场准入、国内措施、外资待遇、服务贸易等各个领域均较好地履行了自身的承诺和义务。我国这一阶段的贸易政策体系已经与国际贸易体制接轨,经济全球化脚步较快,外贸依存度在 2003 年突破 50%,且逐年上升,2007 年高达 66.8%。这段时期我国对外贸易持续上一阶段增长的趋势,2001 年进出口总额为 42 183.6 亿元,2007 年进出口总额上升到166 740.19亿元,年平均增长率高达25.74%,并且这一段时期我国对外贸易持续保持顺差。

3.1.2　我国贸易开放的地区差异

自改革开放以来,由于我国各省市的地理位置等客观因素及国家政策等主观原因导致我国不同省市对外贸易的发展基础和发展速度不同,因此不同省市的对外贸易存在较大差异。东部沿海城市的对外贸易发展水平明显高于中西部地区,东部沿海城市的贸易额一直占我国贸易总额的 90% 左右,2007 年东部进出口贸易总额为 151 887.3 亿元,中部进出口贸易总额为 7 750.9 亿元,西部进出口贸易总额为 5 976.3 亿元,2007 年东部对外贸易总额占比为 91.7%。

对外贸易的发展使得东部沿海城市的外向型经济基本确立,经济发展对贸易的依赖日益增加,表现为外贸依存度不断上升,东部部分城市的外贸依存度甚至高达 100%～150%。因此,从全国范围来看,东部地区的外贸依存度明显高于中西部地区,2007 年东部地区的外贸依存度为 92.97%,远远高于中部地区 12.04% 的外贸依存度和西部地区 12.49% 的外贸依存度(图 3-3)。

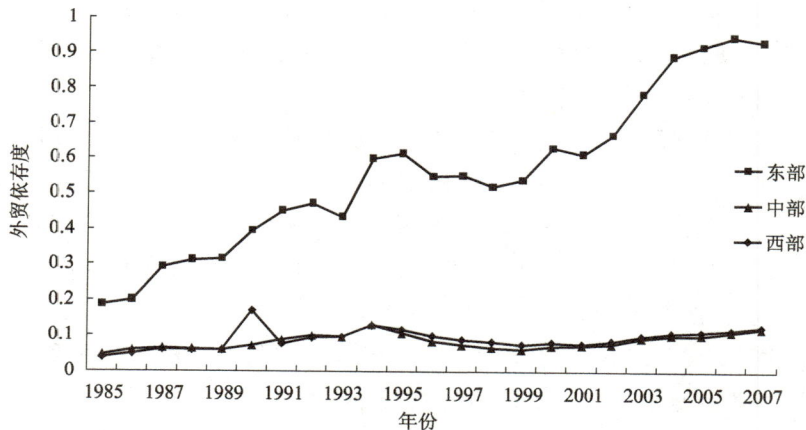

图 3-3 1985—2007 年东、中、西部地区外贸依存度

注:全国分为① 东部地区,包括北京、天津、河北、辽宁、上海、江苏、浙江、福建、山东、广东、海南;② 中部地区,包括山西、吉林、黑龙江、安徽、江西、河南、湖北、湖南;③ 西部地区,包括内蒙古、广西、四川、重庆、贵州、云南、西藏、陕西、甘肃、青海、宁夏、新疆。

数据来源:根据各省的统计年鉴数据整理所得。

3.2　我国农民非农收入状况分析

自改革开放以来,我国农民由单一的农业生产经营逐步向多种经营转变,伴随着我国农民非农就业的转移,在农民总收入中农民非农收入的比重逐步上升,农民非农收入对农民增收的重要性日益凸显。本节将对我国农民非农就业及非农收入进行描述性分析。

3.2.1　我国农民非农就业状况

自改革开放以来,我国农村剩余劳动力转移经历了不同的发展阶段,农村劳动力逐步向非农部门转移实现非农就业。然而,我国农民非农就业存在明显的行业分布特征,同时实现非农就业劳动力的人力资本状况也发生着变化。

3.2.1.1　我国农民非农就业发展历程

1978 年我国农村劳动力就业总量为 30 638 万人,其中非农就业劳动力为 2 320 万人,占农村劳动力就业总量的 7.57%。2007 年农村劳动力就业总量达到 47 640 万人,其中非农就业劳动力为 16 196 万人,占农村劳动力就业总量的 34%。农民非农就业劳动力年均增长率为 6.93%,2007 年是 1978 年的 7 倍(图3-4 和图 3-5)。纵观过去,我国农民非农就业转移是不平稳的,其历程大致可以分为以下几个阶段:

第一阶段:1978—1983 年。该时期为农民非农就业转移的发展阶段。这一时期我国政府改革的重点地区是农村地区。1978 年 12 月,党的十一届三中全会顺利召开,会议确立了解放思想、实事求是的思想路线,并且通过了《中共中央关于加快农业发展若干问题的决定(草案)》,以此拉开了我国农村改革的序幕。随后,政府相继出台了一系列关于农村改革的决议和政策。1980 年 9 月,中共中央发出《关于进一步加强和完善农业生产责任制的几个问题》的通知,对农村的改革持肯定态度,鼓励大家进行改革实践。1982 年,中共中央批转《全国农村工作会议纪要》,提出了健全与完善农业生产责任制的各类指导性意见和具体措施。到 1983 年年底,全国实行家庭联产承包责任制涉及农户占农户总量的 94.5%(孙晓明,2005)。

家庭联产经营承包责任制的实施使得农户成为家庭经济中生产、核算和收入分配的主体,极大激发了农民的农业生产劳动积极性。家庭联产经营承包责任制赋予了农民自主支配劳动的权利,极大地推动了农业的发展,农民劳动生产率不断提高,农业技术不断改进,农村劳动力剩余,我国农村人多地少的矛盾日益凸显。与此同时,由于这一阶段我国的乡镇企业和个体企业开始发展,农村剩余劳动力由农业向二、三产业逐步转移,广大农村劳动力由单一的农业生产经营向多种经营转变。但由于这个阶段我国的乡镇企业和个体企业处于发展初期,吸纳劳动力的数量有限,而且农村劳动力进入城市务工存在户籍管理制度等多重限制,因此,该阶段进入非农部门就业的农村劳动力数量有限,农村劳动力非农就业数量仅从 1978 年的 2 320 万人上升到 1983 年的 3 539 万人,增长了 1 219 万人,年均增长率为8.81%。非农就业劳动力占农村劳动力总量的比重仅从 1978 年的 7.57%上升到 1983 年的 10.2%。

第二阶段:1984—1988 年。该时期为农民非农就业快速转移和跨地区流动阶段。这段时期是改革开放以来,我国农村劳动力转移的第一个高潮,农村非农就业劳动力以年均 11.27%的速度增长。

1984 年 3 月,党中央、国务院发布的 4 号文件确立了乡镇企业在国民经济中的重要地位,并给予大量政策方面的优惠。该阶段的农村乡镇企业和个体私营企业得到前所未有的发展。逐步壮大的乡镇企业和私营企业吸纳了大量农村剩余劳动力,成为吸收农村剩余劳动力的"蓄水池"。1988 年全国乡镇企业数为 1 888.2 万个,是 1983 年的 14 倍,年均增长近 70%。1984 年乡镇企业从业人员为 5 028 万人,1988 年乡镇企业从业人员增加至 9 545.5 万人,增长 89.9%(新华社,2002)。

另一方面,以往较为严格的户籍管理制度和社会政策限制了农村人口向城市流动,但在这段时期这些制度和政策出现了比较大的松动。城市非公有制经济的发展导致对劳动力需求的增加。东部地区经济发达,大量农村劳动力由农业生产转入二、三产业,并且开始吸纳外地劳动力。中西部地区随着农产品生产销售的发展,政策上对个体经济的放松,一些农民从业范围扩大,由于东部地区经济发展迅速,中西部地区大量农民就业开始向省外转移。1987 年四川省在外省就业的农民为 47 万人,1989 年上升到 68 万人。这段时期,珠江三角洲的外来劳动力增长迅速,1988 年东莞的外来劳动力总数为 32 万,其中约 30% 的外来劳动力来自省外。1978 年高达 30 万外来劳动力进入佛山市寻求就业机会。总之,这一阶段的农村劳动力在二、三产业就业的数量急速增加,据统计,1988 年农村劳动力进入非农产业就业的劳动力总数为 7 818 万人,是 1984 年的 1.53 倍,年均增长 11.27%。1984 年非农劳动力占农村劳动力总量的 14.18%,1988 年比重上升到 19.51%,增加了 5.33%。

第三阶段:1989—1991 年。该时期为农民非农就业缓慢调整阶段。1988 年经济过热,并且出现了两位数的通货膨胀,因此 1989 年中央采取了紧缩型的宏观经济政策,把工作建设的重点放到治理整顿上,大力缩减固定资产投资规模,提出"乡镇企业要根据国家的宏观要求和市场需求,在治理整顿期间适当降低发展速度"。因此,这段时期乡镇企业和个体私营企业发展陷入低潮,个别年份甚至出现下滑现象,1991 年乡镇企业数量为 1 908.9 万个,与 1988 年相比仅仅增长了 1.1%。乡镇企业就业人员呈负增长,很多乡镇企业的职工回到农业部门。三年间,农村非农产业劳动力增加仅 214 万人,同时农村新增劳动力又大量进入农业部门,非农劳动力占农村劳动力总量的比重由 1989 年的 18.84% 下降到 1991 年的 18.59%,下降了 0.25%。

第四阶段:1992—1995 年。该时期为农民非农就业高速转移阶段。1992 年邓小平"南方谈话"后,解除了姓"资"、姓"社"和怕"三资"企业的思想束缚,指明了我国经济体制改革的方向,要建立社会主义市场经济体制,我国的经济与体制改革进入新的发展阶段。在此背景下,我国的乡镇企业、个体私营企业率先蓬勃发展起来,吸纳了大量农村剩余劳动力。同时,在我国东部经济发达地区,"三来一补"的劳动密集型产业迅速发展,吸引内地的大量劳动力转移到东部。一方面,由于通货膨胀影响农业生产性收入,随后的治理整顿影响农民在乡镇企业的就业,于是,农民外出就业的需求增大;另一方面,东南沿海开放地区的外向经济的发展爆发了"民工潮"。1993 年,四川流动就业劳动力总量达到 870 万人,其中外省就业劳动力首次达到 500 万人。东莞的外来劳动力总量为 870 万人,其中约 70% 的外来劳动力来自省外。通过对全国不同地区 28 个县市进行的调查发现,"这一阶段 14 个低收入县市外出劳动力增长 1 倍多,出省的增长 2 倍多,东部为主的 14 个收入略高的高收入县市流入劳动力则增长 3 倍多"(孙晓明,2005)。这四年农村非农产业劳动力的增长速度分别达到 7.44%,13.28%,12.04%,10.85%。1992 年农村非农产业劳动力总量为 9 592 万人,1995 年农村非农产业劳动力总量增加为 13 495 万人。非农劳动力占农村劳动力总量的比重由 1992 年的 19.86% 增加到 1995 年的 27.53%,增长了 7.67%。

第五阶段:1996—1999 年。该时期为结构调整阶段。这段时期农村乡镇企业和个体私营企业从高速扩张阶段进入结构调整阶段。1996 年以后,国有企业改革的力度开始加大,企业效益好转,对农村的乡镇企业和个体私营企业产生冲击,乡镇企业和个体私营企业数量逐步减少。与影响上一个阶段的乡镇企业和个体私营企业数量和就业劳动力下降的政府宏观政策原因不同,该阶段乡镇企业和个体私营企业的萎靡是由于受到经济因素,市场竞争的影响导致的。所以,虽然这段时期乡镇企业和个体私营企业数量下降,但是市场竞争机制提高了企业的技术、管理水平和运营效率。另一方面,国有企业改革导致产生大量下岗工人,二、三产业就业压力增大,对农村剩余劳动力的吸纳力减弱。1996—1999 年这四年的农村非农产业劳动力的增长速度分别达到 0.53%,−0.000 6%,−0.025%,−0.046%。1996 年农村非农产业劳动力总量为 14 208 万人,1999 年农村非农产业劳动力总量为 13 214 万人。非农劳动力占农村劳动力总量的比重由 1996 年的 28.98% 下降为 1999 年的 26.98%,下降了 2%。

第六阶段:2000—2007 年。该时期为劳动力转移新阶段。在农民收入增长速度持续三年下降,农民收入增长缺乏动力背景下,2000 年农民外出就业数量呈现再一次增长的苗头,2000 年针对 68 000 个农户的调查发现,有 14.4% 农村劳动力外出打工。2001 年中国加入世界贸易组织,中国贸易得到前所未有的发展,贸易出口增加了对农村剩余劳动力的需求,农民外出就业人数增加、外出就业的范围扩大、外出时间也显著变长。2000 年农村非农产业劳动力总量为 12 891 万人,2007 年农村非农产业劳动力总量增加为 16 196 万人。非农劳动力占农村劳动力总量的比重由 2000 年的 26.34% 增加到 2007 年的 34%,增长了 7.66%。

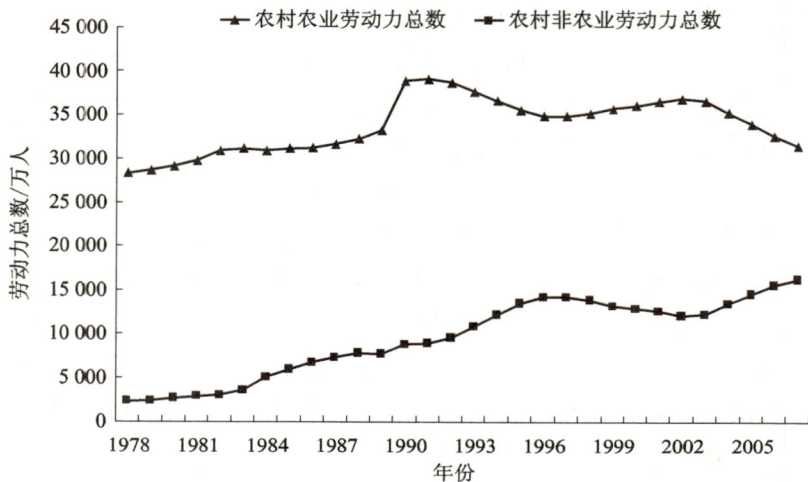

图 3-4 1978—2007 年我国农村农业、非农劳动力总数

数据来源:《中国农村统计年鉴》。

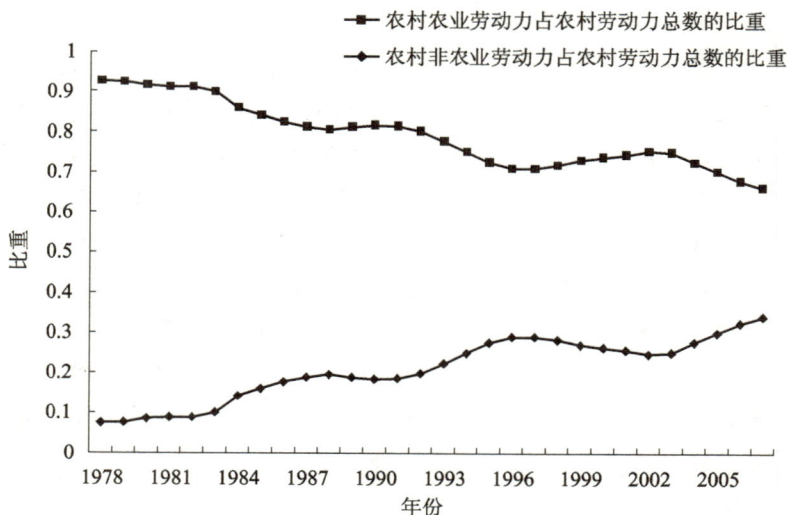

图 3-5 1978—2007 年我国农村农业、非农劳动力比重

数据来源:《中国农村统计年鉴》。

3.2.1.2　我国农民非农就业行业分布情况

从我国农民非农就业的行业分布比例看,我国农民非农就业主要集中于工业、建筑业、服务业,其中一半以上的农村非农就业劳动力在工业部门实现就业。2006 年我国农村外出劳动力在工业、建筑业和服务业的比重分别为 53.2%,25.6%,16.3%,其中,农村外出劳动力就业比重较高的行业如下:建筑施工业为 16.3%、电子电器业为 13.5%、制衣制鞋业为11.7%、住宿餐饮业为 9.4%、机械制造业为 6.2%、商务服务业为 6.0%、食品制造业为 4.9%、交通运输业为 4.3%、居民服务业为 4.0%(图 3-6)。

我国农民非农就业主要集中在这些行业的原因是这些行业对非熟练劳动力存在比较大的需求,并且这些行业大多是市场导向性的。相对于政府导向性的行业,市场导向性行业对农村劳动力歧视程度比较小,就业相对容易。

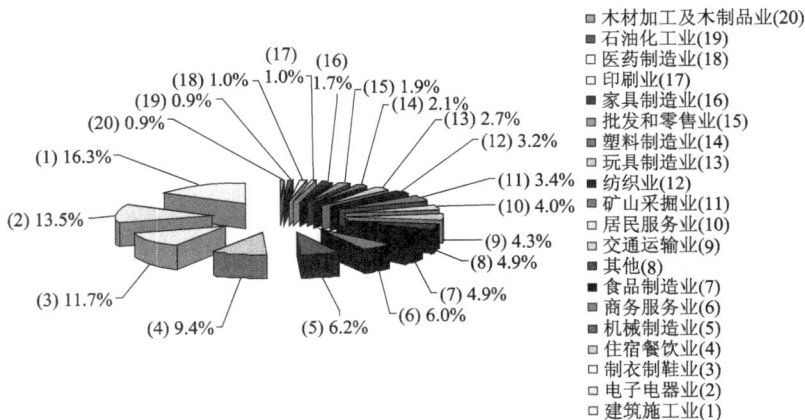

图 3-6　2006 年农村劳动力非农就业行业分布

数据来源:《2007 中国人口与劳动问题报告》。

3.2.1.3 我国农民非农就业的人力资本状况

我国农民从农业生产部门向非农部门转移,非农就业劳动力的人力资本状况很大程度取决于农村居民总体人力资源禀赋状况,同时,相对于农业生产,非农就业工作对劳动力素质的要求较高,因此,农民非农就业劳动力的人力资本状况与农村居民总体情况存在差异。

(1)我国农村居民家庭劳动力人力资本状况

改革开放以来,随着我国义务教育的推行,农村地区受教育状况不断改善。三十多年来,农村居民家庭劳动力受教育程度中,1985 年小学、文盲的比重为 65%,2007 年小学、文盲的比重为 32.1%,下降了近 33 个百分点;而初中文化程度的比重由 1985 年的 27.7% 上升为 2007 年的 52.9%,高中及高中以上程度的比重由 1985 年的 7.4% 上升为 14.9%。(图 3-7)

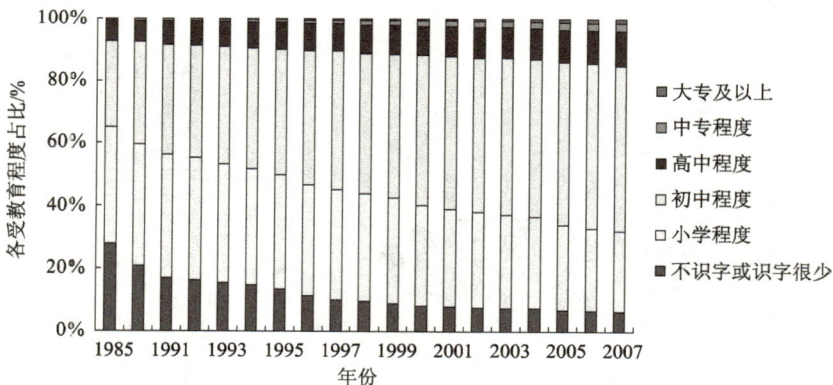

图 3-7 1985—2007 年农村居民家庭劳动力受教育程度

数据来源:《中国农村住户调查年鉴》。

虽然,改革开放以来,我国农村劳动力的文化水平有所提高,若以九年制义务为标准,高中及高中以上人口的比重上升,相对于 1985 年,2007 年该比重增长了一倍多。但是,2007 年,农村劳动力初中以下劳动力的比重占 85％,高中以上劳动力的比重为 15％,其中,中专以上劳动力的比重不到 4％。所以总体而言,当前我国农村劳动力的受教育水平仍然以初中以下为主,受教育程度偏低,劳动力素质较低。

（2）我国农村非农就业劳动力人力资本状况

由于非农就业工作要求劳动力素质要比农业生产高,受教育程度较高的农村劳动力更易于实现非农转移,所以农村非农就业劳动力的受教育程度一般高于农村劳动力受教育的平均水平。表 3-1 列出了 2001 年和 2005 年 16～60 岁农村非农就业劳动力和农村劳动力按初中以下、高中（或中专）和大专及以上划分的受教育水平情况。2001 年,农村非农就业劳动力中,初中及以下受教育水平的劳动力的比重为 78.34％,有 19.92％的农村非农就业劳动力接受过高中或中专教育,受过大专以上教育的农村非农就业劳动力比重不到 2％;而农村劳动力中,87.9％的劳动力接受过初中及以下教育,11.6％的劳动力接受过高中或中专教育,接受过大专及以上教育的劳动力仅为 0.5％。农村非农就业劳动力中,高中或中专及以上受教育水平的劳动力的比重为 21.65％,而农村劳动力的这一比重为 12.1％,两者相差约 9.6 个百分点,农村非农就业劳动力的受教育水平明显高于农村劳动力受教育的平均水平。2005 年,农村非农就业劳动力中,初中及以下劳动力的比重为 77.29％,仅有 19.34％的农村非农就业劳动力接受过高中或中专教育,受过大专以上教育的农村非农就业劳动力比重不到 3.5％;而农村劳动力中,86.2％的劳动力接受过初中及以下教育,12.7％的劳动力接受过高中或中专教育,1.1％的劳动力受过大专及以上教育。农村非农就业劳动力中,高中或中专及以上劳动力的比重为 22.71％,而农村劳动力的这一比重为 13.8％,两者相差约 8.9 个百分点。与 2001 年相同,2005 年农村非农就业劳动力的受教育水平也高于农村劳动力受教育的平均水平。但与 2001 年相比,2005 年无论是农村非农就业劳动力还是农村劳动力,劳动力受各类教育的情况变化不大,高中或中专及以上劳动力的比重都略有上升。

表 3-1 2001 年、2005 年农村非农就业劳动力和城市劳动力受教育程度

受教育水平	2001 年		2005 年	
	农村非农就业劳动力	农村劳动力	农村非农就业劳动力	农村劳动力
初中及以下	78.34%	87.9%	77.29%	86.2%
高中或中专	19.92%	11.6%	19.34%	12.7%
大专及以上	1.73%	0.5%	3.37%	1.1%
合计	100%	100%	100%	100%

数据来源:《2007 年中国人口与劳动问题报告》《中国农村住户调查年鉴》。

从农村非农就业劳动力具备劳动技能角度分析,由于政府开始重视对农村外来劳务工的培训,《2005 年中国人口与劳动问题报告》表明,将具备一定劳动技能、有过技能培训或者具有专业技能证书的劳动力作为技能劳动力。2001 年,农村外来劳动力中技能劳动力的比重仅为 17.1%;2002 年,比重为 17.4%;2003 年,比重为 20.7%,技能农村外来劳动力的比例稳步上升;2004 年,农村外来劳动力中,技能农民工比例快速提高到 28.2%。但总体而言,农村非农就业劳动者中技能劳动力的比重仍然很低,截止 2004 年,农村非农就业劳动者中有 71.8% 的劳动力不具备任何技能,他们仅依靠劳力参加工作。

综上所述,我国农村居民家庭劳动力总体受教育程度偏低,以受教育程度在初中及以下的非熟练劳动力为主。虽然农村非农劳动力的受教育程度高于农村居民家庭劳动力总体平均水

平,但是整体而言,近 80％的农村非农就业劳动力受教育程度
在初中及以下,从技能培训角度分析,农村非农劳动力以非技能
劳动力为主体。因此,总体而言,我国农村非农就业劳动力以非
熟练劳动力为主。

3.2.2　我国农民非农收入水平

我国农村居民纯收入按来源分为工资性收入、家庭经营纯
收入及转移性和财产性收入三类。农民非农收入是指农民从事
非农产业生产、经营所取得的收入,主要包括两大部分:一是工
资性收入,二是家庭经营收入中从非农产业中获取的收入。改
革开放以来,我国农民非农收入呈逐年上升趋势,1978 年我国
农民人均非农收入仅为 9.39 元,2007 年上升到 2 010.25 元,年
均增长率为 20.33％。从变化趋势分析,1992 年以前我国农民
非农收入水平比较低,一直处于 200 元以下,1992 年我国农民
非农收入达到 277.61 元,首次突破 200 元,以后农民非农收入
水平明显提高(图 3-8)。

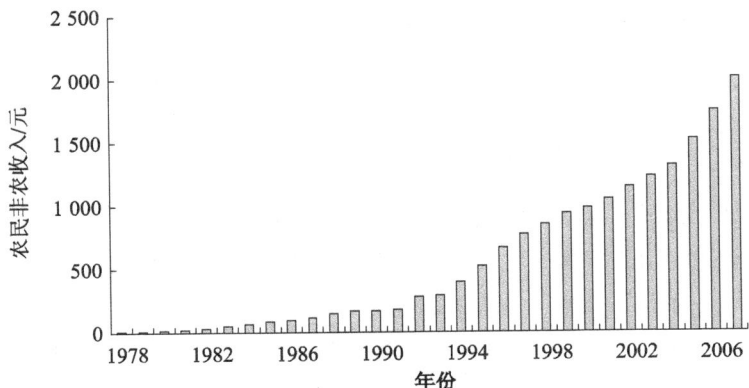

图 3-8　1978—2007 年我国农民非农收入的变化

数据来源:根据《中国统计年鉴》整理所得。

随着农民非农收入的增长,相对于农业生产性收入比重的

下降,非农收入在农民总收入中的比重逐年上升,从 20 世纪 80 年代的 10％左右上升到 2007 年的近 50％,特别是,2003 年农民非农收入的比重达到 46.7％,首次超过农业生产性收入的比重 45.6％。除了 2004 年,由于"中央一号文件"的颁布,促进农民农业生产性收入增加,导致其比重上升外,持续几年,农民非农收入的比重都大于农业生产性收入的比重,毋庸置疑,农民非农收入已经是农村居民收入的重要组成部分(图 3-9)。

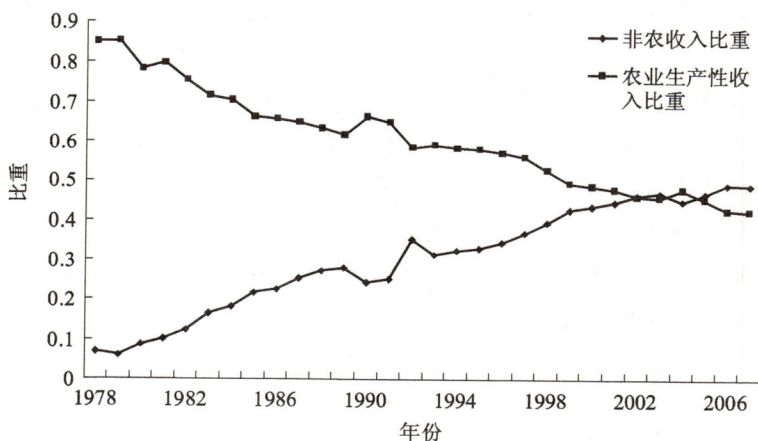

图 3-9　1978—2007 年我国农民农业生产性收入和非农收入的比重变化
数据来源:根据《中国统计年鉴》整理所得。

我国加入 WTO 后,随着贸易的全面开放,农民非农收入的年平均增长率为 11.95％,远远高于农村居民家庭人均纯收入的年平均增长率 9.8％。通过计算我国农民农业生产性收入和非农收入对增收的贡献率表明,1997 年后农民非农收入对增收的贡献率为 64.3％,大于农业生产性收入的贡献率 42.1％,并且除了 2004 年以外,1997 年以后农民非农收入对增收的贡献都大于农业生产性收入(图 3-10)。从趋势上看,农民非农收入已成为农民增收的关键。

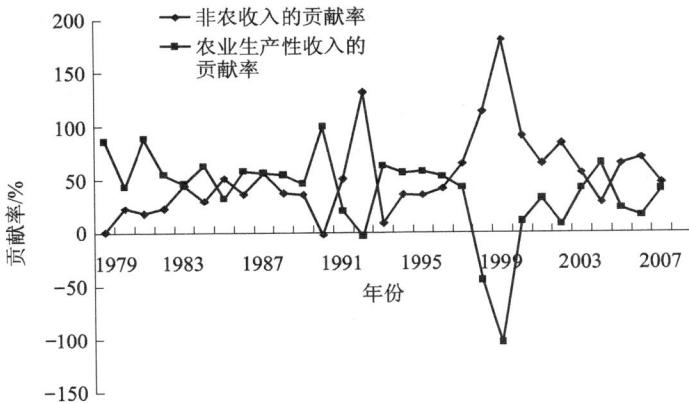

图 3-10　1979—2007 年我国农民农业生产性收入和
非农收入对增收的贡献率变化

数据来源：根据《中国统计年鉴》整理所得。

3.3　本章小结

　　本书的研究目标是从就业市场对劳动力需求角度出发，分析贸易开放对我国农民非农收入及差异的影响。针对所研究的问题，本章分别对我国对外贸易、农民非农就业及非农收入的发展历史和现状进行描述性分析，通过分析表明：

　　第一，改革开放以来，我国的对外贸易发展迅速，贸易规模持续扩大，并且近年来出口大于进口，我国已成为贸易顺差国。伴随着贸易总额的增长，外贸依存度大幅提高。我国经济的发展已经和对外贸易密不可分，对外贸易对我国经济的发展起到显著的促进作用，在一定程度上，我国的外向型经济已经基本确立。

　　第二，1978 年以来，伴随着经济的增长，改革开放的深入，虽然我国农民非农就业转移是不平稳的，但非农就业的规模呈扩大趋势,并且,从我国农民非农就业的行业分布比例看,主要集中于工业、建筑业、服务业,其中 50% 以上的非农就业劳动力在工业部门工作。从我国农民非农就业劳动力的人力资本角度分析,我国农村非农就业劳动力的受教育程度要高于农村居民家庭劳动力总体受教育的平均水平,但是整体而言,近 80% 的农村非农就业劳动力受教育程度在初中及以下。从技能培训角度分析,农村非农就业劳动力以非技能劳动力为主体。因此,总体而言,我国农村非农就业劳动力以非熟练劳动力为主。

第三,改革开放以来,我国农民非农收入呈逐年上升趋势,随着农民非农收入的增长,相对于农业生产性收入比重的下降,非农收入在农民总收入中的比重逐年上升,农民非农收入已经是农村居民收入的重要组成部分,并且 1997 年以后农民非农收入对增收的贡献大于农业生产性收入。从趋势上看,农民非农收入已成为农民增收的关键。

第 4 章　贸易开放对我国农民非农收入及地区差异影响的实证分析

贸易全球化的趋势使中国面临更加开放的市场和更加自由的贸易,这种全面的开放对我国经济各部门都产生了显著的影响,其中,贸易开放对我国农业生产者收入的影响一直是人们关注的重点和研究的议题。已有的研究多从农业生产和农产品贸易的角度对贸易对农业收入的影响进行探讨,而从农民收入的组成看,实际上非农收入已越来越成为我国农民收入来源中的重要组成部分,其比重已从 20 世纪 80 年代初的平均 10% 左右上升到目前的近 50%,在部分地区甚至更高。从今后的趋势来看,农民从非农就业中获得的收入增加将越来越成为其提高自身收入和福利的发展重点。因此,研究全面的贸易开放对农民非农收入的影响具有十分重要的现实意义。同时,由于我国地区发展不平衡,各地区经济收入差异较大,农民非农收入也同样存在地区差距问题,我国东部、中部和西部地区农民的非农收入存在差异,本章将通过泰尔指数对农民非农收入差异,以及农民非农收入地区间差异和地区内差异进行定量测算。贸易开放会对劳动力需求产生影响,我国东部、中部和西部地区农村劳动力禀赋存在差异,贸易开放对各地区农村劳动力非农就业增长的影响程度可能存在差别,由此会对我国农民非农收入地区差异产生影响,探讨贸易开放对农民非农收入地区差异的扩大或收敛影响对提高农民收入、缩小地区差距亦具有重要的政策意义。基于此,本章首先分析贸易开放对农民非农收入的可能影响。我国农民非农收入地区间差异的缩小与扩大取决于各地区农民非农收入的增长率,因此,本章进一步分析贸易开放对我国农民非农收入增长和地区差异的影响。

4.1 我国农民非农收入地区差异及其分解

4.1.1 我国农民非农收入地区差异分析

近年来,我国农民收入的主要增长来自于非农业收入。非农收入已成为农民增收中的亮点。然而由于地区发展不平衡,我国农民的非农收入存在明显的地区差异,1985年东部地区农民非农收入为182.27元,中部地区农民非农收入为88.41元,西部地区农民非农收入为73.53元;而2007年东部地区农民非农收入为3 410.72元,中部地区农民非农收入为1 749.29元,西部地区农民非农收入为1 224.12元。东部农民的非农收入明显高于中、西部地区。(图4-1)

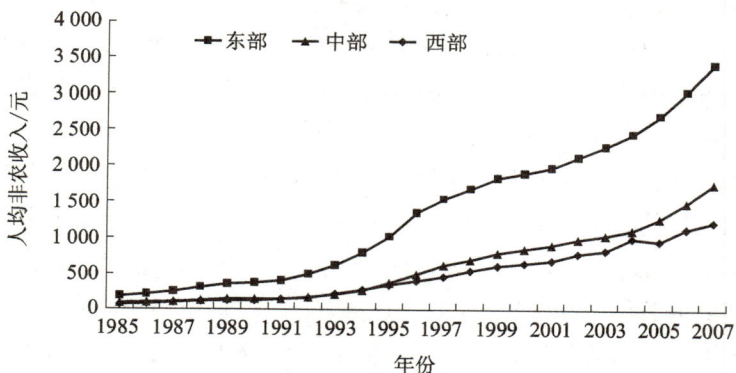

图4-1 1985—2007年东、中、西部地区农民人均非农收入

注:全国分为① 东部地区,包括北京、天津、河北、辽宁、上海、江苏、浙江、福建、山东、广东、海南;② 中部地区,包括山西、吉林、黑龙江、安徽、江西、河南、湖北、湖南;③ 西部地区,包括内蒙古、广西、四川、重庆、贵州、云南、西藏、陕西、甘肃、青海、宁夏、新疆。

数据来源:根据各省的统计年鉴数据整理所得。

4.1.2　我国农民非农收入地区差异分解

4.1.2.1　地区收入差异的分解方法

20 世纪以来,大量学者运用各类统计指标对各国居民收入的地区差异进行分析,以探讨其演变规律。随着统计方法的改进,学界开始对收入的地区差异进行分解,以得出地区差异形成的原因与构成。当前,关于地区差异分解的方法主要有以下几种:

（1）基尼系数

基尼系数是测度收入分配均等程度的主要方法之一。基尼系数自身的性质决定基尼系数具有可分解性。

根据收入来源可以将基尼系数进行分解,就是将总的收入差距分解为不同收入来源的各个收入分项的差距。假定总收入 y 包括 m 项收入,即

$$y = y_1 + y_2 + \cdots + y_m$$

则可给出基尼系数的分解公式如下:

$$g = \sum (u_m c_m)$$

式中,g 是收入的基尼系数;u_m 是第 m 项来源的收入占总收入的比例;c_m 是第 m 项来源的收入的集中系数。

某一项收入的集中曲线表示收入最低的 $x\%$ 的人口所拥有的该项收入占该项总收入的比重。由此,我们可以根据相对应的洛伦兹曲线推出某一项收入的集中率,注意在集中曲线分布中人口排序的依据是总收入的高低,并不是根据该项收入的高低进行排序的。

基于此,我们可以得出各个收入来源贡献的公式为

$$f = \frac{u_m c_m}{g}$$

然后根据收入来源贡献的高低得出收入不均等的主要来源,可以就居民收入结构的变动、各个分项收入的分布情况变动与总

收入分布水平进行比较分析。若居民某一项收入的贡献率 f 大于这项收入在总收入中的比例，那么该项收入来源对总收入的不均等具有扩大作用，换句话说，如果该项收入在总收入中的比例越来越高，则会导致居民收入的基尼系数上升。特别是如果集中率比较大的收入分项与集中率比较小的收入分项的比值上升，那么会加剧居民总体收入不平等的程度。

同样的原理，基尼系数不仅可以根据收入来源进行分解，还可以根据地区或人口及经济因素进行分解。假定收入分布是离散的 (x_{1m}, p_{1m})，(x_{2m}, p_{2m})，$\cdots$，(x_{nm}, p_{nm})，其中，x_{1m}，x_{2m}，$\cdots$，x_{nm} 分别为 n 个地区 m 年的人均居民收入，p_{1m}，p_{2m}，$\cdots$，p_{nm} 分别为 n 个地区人口占总人口的比重。如果用 g_m 表示反映 m 年居民收入不平等的基尼系数，那么

$$g_m = \frac{\sum_{j=1}^{n} \sum_{k=1}^{n} |x_{jm} - x_{km}| p_{jm} p_{km}}{2 \sum_{i=1}^{n} (x_{im} p_{im})}$$

以此类推，g_m 也可以根据省份进行分解，用 j_m 表示，则

$$g_m = \sum_{j=1}^{n} \left(\frac{\sum_{k=1}^{n} |x_{jm} - x_{km}| p_{jm} p_{km}}{2 \sum_{i=1}^{n} (x_{im} p_{im})} \right) = \sum_{j=1}^{n} j_m$$

式中，

$$j_m = \frac{\sum_{k=1}^{n} |x_{jm} - x_{km}| p_{jm} p_{km}}{2 \sum_{i=1}^{n} (x_{im} p_{im})}$$

x_{jm} 和 p_{jm} 分别为第 m 年第 j 个省人均居民收入和该省人口占总人口的比重。

如果保持基期人口数固定，那么 m 年的基尼系数是由基期的人口数和 m 年的人均居民收入计算得出，这种收入不平等的

测度过程控制了人口因素,因此这样得出的基尼系数反映了经济因素引起的收入不均等,用 ge_m 表示 m 年由经济因素引起的收入不均等,则

$$ge_m = \frac{\sum\limits_{j=1}^{n}\sum\limits_{k=1}^{n} \mid x_{jm} - x_{km} \mid p_{j1985} \, p_{k1985}}{2\sum\limits_{i=1}^{n}(x_{jm} p_{i1985})}$$

通过计算,得出由经济因素引起的收入不均等,在此基础上,就可求得由人口因素引起的收入不平等 gp_m:

$$gp_m = g_m - ge_m$$

（2）泰尔指数

基尼系数不能进行组内、组间的不平等分解。由此,泰尔于 1967 年最先提出了泰尔指数,通过泰尔指数可以将总体收入不平等分解为组内不平等和组间不平等,计算公式为

$$I(0) = \sum_{g=1}^{G} P_g I(0)_g + \sum_{g=1}^{G} P_g \log\left(\frac{P_g}{V_g}\right)$$

式中, $\sum\limits_{g=1}^{G} P_g I(0)_g$ 为组内差异, $\sum\limits_{g=1}^{G} P_g \log\left(\frac{P_g}{V_g}\right)$ 为组间差异;G 为总组数;P_g 为第 g 组人口占总人口的比重;V_g 为第 g 组收入占总收入的比重。

$$I(0)_g = \frac{1}{n}\sum_{i=1}^{n} \log\left(\frac{\bar{y}}{y_i}\right)$$

式中,y_i 为第 g 组中第 i 个单位的人均收入;$\bar{y}$ 为 y_i 的均值;n 为单位数。

如果将全国分为东、中、西部,则可以将总体收入差异分解为三大地带内差异和地带间差异之和,其中第一项 $\sum\limits_{g=1}^{G} P_g I(0)_g$ 为三大地带内差异,第二项 $\sum\limits_{g=1}^{G} P_g \log\left(\frac{P_g}{V_g}\right)$ 为三大地带间差异。根据以上分解方法,可以测算出三大地带内和地带间差异在总

体差异中的重要性。

4.1.2.2 我国农民非农收入地区差异——基于泰尔指数的分解

在上节中讨论了测算地区差异的统计方法,由于基尼系数的局限,不能进行组内、组间差异分解,并且由于数据的限制,本部分采用泰尔指数对我国农民非农收入地区差异进行测算和分解,1985—2007年我国农民非农收入的泰尔指数及其各部分的贡献度见表 4-1。根据表 4-1 中的计算数据可以得出图 4-2 和图 4-3。

表 4-1　我国农民非农收入泰尔指数及其分解(1985—2007 年)

年份	泰尔指数			对总差异的贡献度	
	总体差异	东、中、西部地区内差异	东、中、西部地区间差异	东、中、西部地区内差异	东、中、西部地区间差异
1985	0.078 461	0.004 61	0.073 85	0.058 76	0.941 24
1986	0.094 048	0.011 801	0.082 247	0.125 474	0.874 526
1987	0.098 145	0.010 339	0.087 805	0.105 347	0.894 653
1988	0.120 082	0.022 53	0.097 552	0.187 624	0.812 376
1989	0.140 088	0.039 1	0.100 988	0.279 112	0.720 888
1990	0.148 96	0.041 569	0.107 391	0.279 062	0.720 938
1991	0.135 48	0.017 667	0.117 813	0.130 404	0.869 596
1992	0.149 8	0.016 643	0.133 157	0.111 101	0.888 899
1993	0.150 068	0.021 413	0.128 654	0.142 691	0.857 309
1994	0.195 281	0.060 336	0.134 945	0.308 97	0.691 03
1995	0.188 042	0.060 636	0.127 406	0.322 458	0.677 542
1996	0.219 49	0.078 456	0.141 035	0.357 444	0.642 556
1997	0.205 326	0.073 484	0.131 842	0.357 89	0.642 11
1998	0.196 235	0.078 357	0.117 878	0.399 303	0.600 697
1999	0.180 071	0.072 281	0.107 79	0.401 402	0.598 598
2000	0.147 731	0.045 239	0.102 492	0.306 225	0.693 775
2001	0.155 942	0.057 634	0.098 308	0.369 588	0.630 412

年份	泰尔指数			对总差异的贡献度	
	总体差异	东、中、西部地区内差异	东、中、西部地区间差异	东、中、西部地区内差异	东、中、西部地区间差异
2002	0.159 166	0.066 919	0.092 247	0.420 435	0.579 565
2003	0.173 283	0.078 745	0.094 538	0.454 429	0.545 571
2004	0.201 013	0.119 446	0.081 567	0.594 22	0.405 78
2005	0.163 881	0.065 912	0.097 968	0.402 197	0.597 803
2006	0.153 718	0.064 61	0.089 108	0.420 315	0.579 685
2007	0.151 965	0.061 051	0.090 914	0.401 743	0.598 257

　　注：全国分为①东部地区，包括北京、天津、河北、辽宁、上海、江苏、浙江、福建、山东、广东、海南；② 中部地区，包括山西、吉林、黑龙江、安徽、江西、河南、湖北、湖南；③ 西部地区，包括内蒙古、广西、四川、重庆、贵州、云南、西藏、陕西、甘肃、青海、宁夏、新疆。

　　数据来源：笔者计算所得。

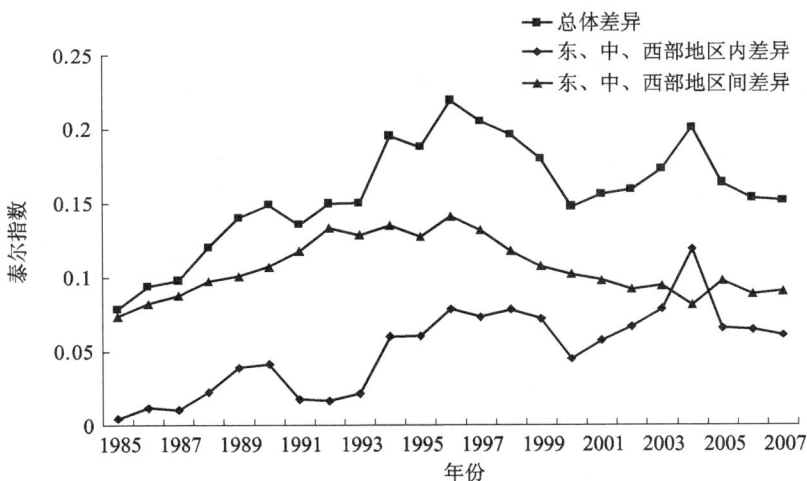

图 4-2　我国农民非农收入的泰尔指数（1985—2007 年）

数据来源：笔者计算所得。

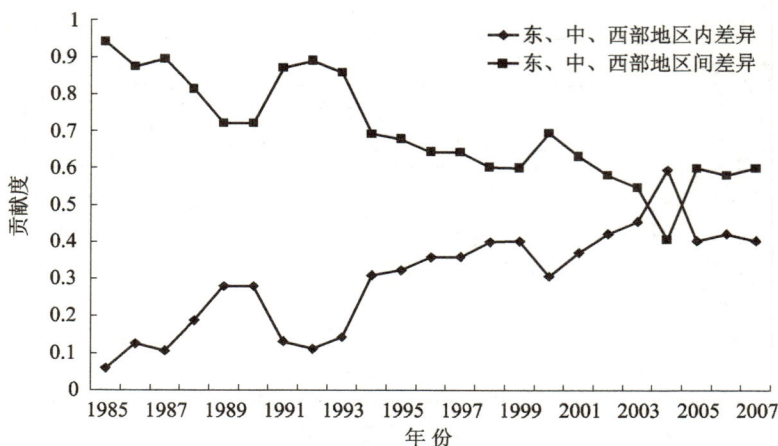

图 4-3　各部分贡献度

数据来源:笔者计算所得。

通过表 4-1、图 4-2 和图 4-3 可以看出,1985—1996 年我国农民非农收入的泰尔指数呈上升趋势,1996 年之后我国农民非农收入的泰尔指数不稳定,总体差异上下波动。1985 年以来,东、中、西部地区内差异总体呈上升趋势,而 1985—1992 年东、中、西部地区间差异在扩大,1992 年贸易全面开放以后,东、中、西部地区间差异呈下降趋势。

在我国农民非农收入总体差异的构成中,地区间收入差异(东部、中部和西部地区之间的差异)是决定总体差异的首要因素。我国农民非农收入的总体差异主要是由地区间收入差异造成的。然而,东、中、西部地区间收入差异的贡献率自 1985 年以来却在不断下降,相对地,自 1985 年以来东、中、西部地区内收入差异的贡献率却持续上升。

4.2　贸易开放对我国农民非农收入影响的实证分析

4.2.1　引言

改革开放以来,我国对外开放大致经历了三个阶段。1978—1991 年是对外开放初期,外贸依存度低,平均为 25%,且进口大于出口,外商直接投资流量很小;1992—2000 年是对外开放深化发展期,1994 年外贸依存度突破 40%,劳动密集型产业、加工贸易的发展,使得出口大于进口;2001—2007 年是对外开放高速发展期,我国加入 WTO,经济全球化脚步较快,外贸依存度在 2003 年突破 50%,且逐年上升,2007 年高达 66.8%。而伴随着贸易开放的逐步深入,我国农民的非农收入也呈逐年上升趋势,相对于农业生产性收入比重的下降,非农收入在农民总收入中的比重逐年上升,统计数据表明,农民非农收入已越来越成为我国农民收入来源中的重要组成部分(刘安萍,2006),近年来农民收入的主要增长也来自非农业收入(郭占庆,2002;国家发展改革委宏观经济研究院课题组,2005)。非农收入已成为农民增收中的亮点。

以往的研究比较关注贸易开放对农民农业收入的影响,关于贸易开放对农民非农收入的影响,则少有文献涉及。已有的针对农民非农收入影响的研究,大多集中于分析农户微观因素的影响,如农户的年龄、教育等个人特征,耕地面积等家庭特征,如张艳华、李秉龙(2006)采用 Heckman 备择模型估计了不同人力资本指标及个人特征变量对非农收入的影响;肖艳芬、陈风波(2005)利用逐步线性回归模型对农村劳动力非农收入的影响因素进行了分析,苏群等(2007)采用二元 logistic 模型和明瑟收入模型,分别对苏南、苏中、苏北三地区影响农村劳动力非农就业选择及其收入的人力资本因素进行了实证分析。相比之下,分析贸易开放对农民非农收入影响的研究鲜见。本书将从宏观层面出发,分析贸易开放对农民非农收入的影响。

4.2.2 分析框架与研究方法

我国是典型的二元经济国家,农村剩余大量劳动力,现阶段农民非农收入的增加主要通过非农就业实现,所以劳动力市场是影响农民非农收入的重要机制。一方面,贸易开放促使劳动力密集型产品大量出口,反映了国际市场需求通过产品、劳动力市场传导对我国农民非农收入的影响;另一方面,国内经济增长,居民收入水平的提高,反映了国内市场需求通过产品、劳动力市场传导对农民非农收入的影响。同时,我国第二产业是农村剩余劳动力转移的主要部门,第二产业的发展会增加对劳动力的需求,从而对农民非农收入产生影响。

从农民的收入构成来看,我国农村居民纯收入按来源分为工资性收入、家庭经营纯收入及转移性和财产性收入三类。工资性收入是农民从事非农业生产而获得的收入;家庭经营纯收入是农民从事农业及农业加工业等所获得的收入;转移性和财产性收入是农民获得的非劳动收入。本书中的农民非农收入主要是指农民从事非农产业生产、经营所取得的收入,主要由工资性收入和家庭经营收入中从非农产业中获取的收入两部分构成。无论是工资性收入或家庭经营中的非农产业收入都相应地受非农就业机会的影响,与全面的贸易开放引致的国内需求水平变化,以及体现比较优势的劳动力资源合理再配置有密切联系。

基于此,本书建立贸易开放对农民非农收入影响的实证分析模型如下:

$$inc_{it} = \alpha + \beta gdp_{it} + \phi ind_{it} + \varphi trade_{it} + \mu_{it} \qquad (4\text{-}1)$$

式中,inc_{it}表示农村居民人均非农收入,包括工资性收入和家庭经营收入中非农产业收入,由于 1992 年前后统计口径不同,本书通过分部门加总整理所得,并以 1985 年为基期进行了价格调整;gdp_{it}表示各省生产总值,反映经济的发展水平和居民收入水平,并以 1985 年为基期进行了价格调整；ind_{it} 表示各省第二产业生产总值占 GDP 的比重，反映第二产业的发展水平，并以 1985 年为基期进行了价格调整；$trade_{it}$ 表示外贸依存度，用进出口总值占 GDP 比重计算，该指标反映了市场开放条件下我国农民非农收入通过产品、劳动力市场受到国际市场供求关系和价格传导的影响因素；u 为误差项；i 为分省市自治区的下标；t 为年份下标。

　　由于我国经济发展，对外开放存在明显的地区差异，东、中、西部地区农民的非农收入也不均衡，为了进一步考察各地区对外开放影响的差异，在模型 4-1 的基础上加入对外开放和地区虚拟变量的乘积，即 $trade_{it}D_g$ 来测算，下标 g 表示不同的地区（$g=1,2,3$），D_1，D_2，D_3 分别表示东、中、西部地区，即模型（4-2）：

$$inc_{it}=\alpha+\beta gdp_{it}+\phi ind_{it}+\sum_{g=1}^{3}(\gamma_g trade_g D_g)+\mu_{it} \quad (4\text{-}2)$$

式中，gdp_{it} 反映经济增长水平和居民收入水平，由于随着经济增长，居民收入水平的提高，对产品需求上升，供给增加，估计会对农民非农就业及收入有正向的影响，所以其系数 β 的估计值应为正。ind_{it} 反映第二产业发展水平，由于第二产业的发展会拉动对劳动力的需求，估计会对农民非农就业及收入有正向的影响，所以其系数 ϕ 的估计值也应为正。贸易开放对农民非农收入的影响则是在本节实证分析中要予以重点考察的，如果模型（4-1）中代表外贸依存度的变量的系数 φ 估计值为正，说明贸易开放水平的提高对农民非农收入的增加有正的影响；反之，如果其系数 φ 的估计值为负，则说明贸易开放水平的提高会阻碍农民非农收入的提高。可通过对模型（4-2）中外贸依存度的变量的系数 γ 的比较，考察不同地区对外开放对农民非农收入的影响。

4.2.3　数据来源

　　本部分研究选取我国 1985—2007 年期间 31 个省份的面板数据，利用上述模型进行实证分析。数据来源为《中国统计年鉴》、各省的统计年鉴和《新中国五十五年统计资料汇编》。

4.2.4 实证分析

关于面板数据的分析,模型(4-1)和模型(4-2)可采用固定效应、随机效应和混合 OLS 模型,因此模型的筛选将分三步完成:首先,判断应采用的是固定效应模型还是混合 OLS 模型,通过 Wald 检验和 LR 检验表明,模型(4-1)和模型(4-2)均应采用固定效应模型;然后,判断应采用的是随机效应模型还是混合 OLS 模型,通过 B-P 检验和似然比检验表明,模型(4-1)和模型(4-2)均应采用随机效应模型;最后,在固定效应模型和随机效应模型中进行选择,通过 Hansman 检验发现,模型(4-1)和模型(4-2)的结果均支持采用随机效应模型,回归方程的回归结果见表(4-2)。

表 4-2　影响农民非农收入模型的估计结果(1985—2007 年)

inc_{it}	模型(4-1)	模型(4-2)
常数项	−202.63	−196.47
	(50.16)***	(48.57)***
gdp_{it}	13.47	13.28
	(1.01)***	(0.99)***
ind_{it}	668.63	694.77
	(100.77)***	(98.86)***
$trade_{it}$	595.18	
	(25.11)***	
$trade_t D_1$		620.92
		(25.03)***
$trade_t D_2$		540.04
		(244.36)**
$trade_t D_3$		31.49
		(10.48)***
R^2	0.607	0.626

注:括号中为标准误,＊表示在 10％的水平上显著,＊＊表示在 5％的水平上显著,＊＊＊表示在 1％的水平上显著。

数据来源:笔者计算所得。

由表 4-2 中的数据可知,两模型的回归结果的方向具有较好的一致性,并且各变量在两个模型中都高度显著。代表经济增长的变量 gdp_{it} 的系数为正,代表第二产业发展的变量 ind_{it} 的系数为正,而且在两个模型中都在 1％的统计水平上高度显著,这与我们的预期相符,说明从非农收入角度看,农民分享了我国经济增长的成果。第二产业的发展使得第二产业在 GDP 中的比重上升,从而有利于农民非农收入的增加。

在模型(4-1)中,外贸依存度变量系数为正,并在 1％的水平上高度显著,反映了全国范围内贸易的全面开放对农民非农收入有推进作用;而模型(4-2)中分别考察了东、中、西部不同地区的外贸依存度对农民非农收入的影响,从模型的回归结果可以看出,三个地区的贸易开放系数都为正,都在 5％以上的水平高度显著,因此,贸易开放在三个地区对农民非农收入都具有显著的正作用。

从上述分析结果来看,反映对外市场开放程度的外贸依存度变量在两个模型中的回归结果具有很好的一致性,说明贸易开放对农民非农收入有正向的推进作用。由于非农收入的增加是农民增收的关键,因此贸易开放对农民福利水平的提高有正向影响。

4.2.5　结论

贸易开放对农民收入的影响一直为研究者甚至公众所关注,由于研究的侧重点不同,以往研究关注较多的是贸易开放对农民农业收入的影响。然而改革开放以来,农民收入中非农收入的比重不断上升,非农收入提高成为农民增收的关键,也成为缩小农民收入地区差距的关键。本部分研究从农民非农收入的角度出发,分析了贸易开放对农民非农收入的影响作用。分析表明,改革开放以来,我国农民的非农收入呈整体上升趋势,而贸易开放对农民非农收入的增加具有推动作用。需要说明的是,本章采用省级面板数据进行分析时,出于数据可获性考虑,外贸依存度变量主要集中于度量本地区贸易开放对农民非农收入的影响,尚未测算贸易开放的跨区域影响,如果将贸易开放跨区域的溢出效应影响考虑进来,那么贸易开放的实际的正向影响效果应该会更大。

4.3 贸易开放对我国农民非农收入增长及地区收敛影响的实证分析

4.3.1 引言

改革开放以来,我国农民收入的增长越来越依赖于非农收入。非农收入已成为农民增收的关键。同时,我国农民的非农收入存在明显的地区差异,东部农民的非农收入明显高于中、西部地区。但贸易全面开放的 20 世纪 90 年代后,东部地区农民的非农收入和中、西部地区农民的非农收入的比值却呈现出下降趋势(图 4-4),通过上一节泰尔指数的计算也表明,20 世纪 90年代后,我国农民非农收入地区间差异逐步下降,农民非农收入地区间差异对总差异的贡献度不断下降。我国农民的非农收入可能存在收敛? 同时,由于我国各地区的劳动力资源存在差异,相对于东部地区,我国中、西部地区人口资源相对丰富,农村劳动力大量剩余,贸易开放对劳动力需求产生影响,可能会加剧中、西部地区农村劳动力向非农部门转移的速度,使得中、西部地区的农村劳动力更多地参与到贸易开放中,从而可能会缩小东部和中、西部地区农民非农收入之间的差距。因此,贸易开放可能有利于我国农民非农收入的地区收敛。本部分研究在上一节分析贸易开放对农民非农收入的影响的基础上,基于我国农民的非农收入的地区差异,进一步分析贸易开放对农民非农收入增长及地区差异收敛的影响。

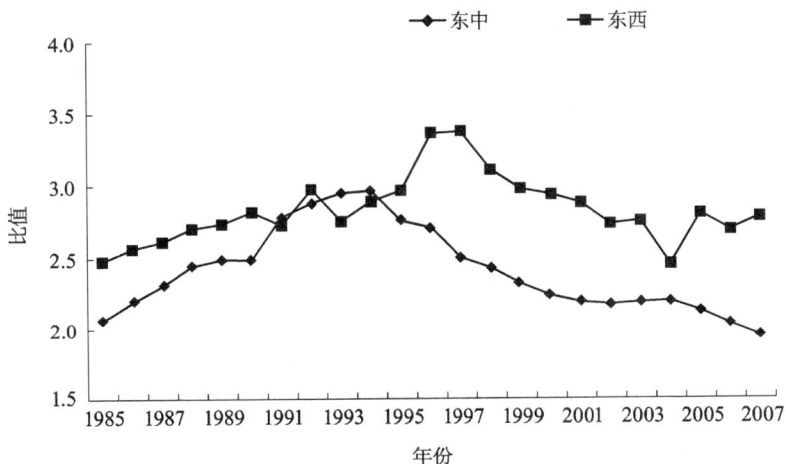

图 4-4　1985—2007 年东中部、东西部地区农民非农收入比值

注：全国分为① 东部地区，包括北京、天津、河北、辽宁、上海、江苏、浙江、福建、山东、广东、海南；② 中部地区，包括山西、吉林、黑龙江、安徽、江西、河南、湖北、湖南；③ 西部地区，包括内蒙古、广西、四川、重庆、贵州、云南、西藏、陕西、甘肃、青海、宁夏、新疆。

数据来源：根据各省的统计年鉴数据整理所得。

4.3.2　研究方法

现有文献中关于收入收敛性问题的研究方法，一般有三种：σ 收敛、绝对 β 收敛和条件 β 收敛。

（1）σ 收敛

σ 收敛是指不同经济体或地区的人均收入的差距随时间的变化，如果经济体收入差距随时间逐渐减小，则存在 σ 收敛。收入差距一般用人均收入的标准差来衡量，但本书采用变异系数 CV（标准差与平均数的比值）来衡量，相对于标准差，它同时考虑了不同经济体在某时期收入水平与平均水平之间差异的变化速度及平均收入水平的变化速度。若 CV 值下降，则表明存在 σ 收敛。σ 收敛反映了静态的差距。

（2）绝对 β 收敛

绝对 β 收敛是将人均收入的增长率对其初始水平进行回归，经典回归方程为

$$\frac{\ln y_{it}-\ln y_{i0}}{t}=\alpha+\beta\ln y_{i0}+\varepsilon_{it} \qquad (4\text{-}3)$$

式中，y_{it} 和 y_{i0} 分别是报告期和基期的人均收入水平；$\beta=\mathrm{e}^{-\lambda t}-1$；$\lambda$ 为收敛速度。如果系数 β 统计学上显著为负，则存在绝对 β 收敛，说明增长呈收敛状态（Mankiw，1992）。

总的来说，σ 收敛和绝对 β 收敛都属于绝对收敛，由于贸易开放存在阶段性，本书拟以 1992 年为界，比较不同时期全国、东中部、东西部的绝对收敛情况，以说明贸易开放对农民非农收入收敛性的影响。

（3）条件 β 收敛

若存在绝对 β 收敛，则暗含了条件 β 收敛（姚树洁，2008）。条件 β 收敛的检验方法是在绝对 β 收敛的回归方程的右边加入可控变量 x：

$$\frac{\ln y_{it}-\ln y_{i0}}{t}=\alpha+\beta\ln y_{i0}+\gamma x+\varepsilon_{it} \qquad (4\text{-}4)$$

若系数 β 统计学上显著为负，则存在条件 β 收敛。

影响收入收敛的决定条件，已有文献并没有形成一个完整的逻辑框架（林毅夫，2003），但投资（k）、人口增长率（pop）一般是共认的影响因素，根据前文分析，农民非农收入增长和收敛还受到对外开放因素的影响。对外开放包括贸易和资本的开放，为避免多重共线性，本书选取外贸依存度变量（$open$），用贸易进出口总额与 GDP 的比值衡量，拟加入外贸依存度变量（$open$）及外贸依存度变量（$open$）与滞后人均非农收入（y_{i0}）的交叉项，分析贸易开放对收入增长率及收敛速度的影响。交叉项的含义是，给定人均非农收入水平，如果其系数显著小于 0，意味着贸

易开放会在边际上提高收入收敛的速度。

4.3.3　数据来源

本部分研究数据采用 1985—2007 年全国 31 个省的面板数据,数据来源于各省的统计年鉴。鉴于样本数量的考量,本书中 t 取 1,即被解释变量为当期增长率,而非若干年平均增长率。

4.3.4　实证分析

(1) σ 收敛的分析结果

通过变异系数的计算,图 4-5 表明东部、西部地区内部的农民非农收入的变异系数基本保持不变,不存在 σ 收敛,而中部地区内部的农民非农收入的变异系数随时间变化呈上升趋势,呈 σ 发散。同时,对比全国、东中部和东西部地区农民非农收入的变异系数计算结果,发现全国、东中部和东西部农民非农收入的变异系数总体上呈下降趋势(图 4-6),存在 σ 收敛。因此可以看出,东部和中部、东部和西部地区农民的非农收入存在区间收敛,并且这种收敛主要体现在 1992 年以后。实际上 1992 年是我国对外开放的转折点,1992 年前的开放程度相对较低,是"点"的开放;1992 后则发生质的转变,对外开放由"点"到"面",按照市场经济的要求初步建立起一个市场经济的体制框架,贸易和资本的开放度都大幅提高,我国劳动力市场丰裕为基础的比较优势开始显著体现。从分析结果可以看出,随着贸易的全面开放,具有贸易比较优势的劳动密集型产品的出口增长,全国范围内农民的非农收入差距缩小,东中部和东西部地区农民非农收入的变异系数也呈下降趋势,存在 σ 收敛。不过与东部和中部地区农民的非农收入差距缩小程度相比,东部和西部农民的非农收入的收敛性则相对弱些。

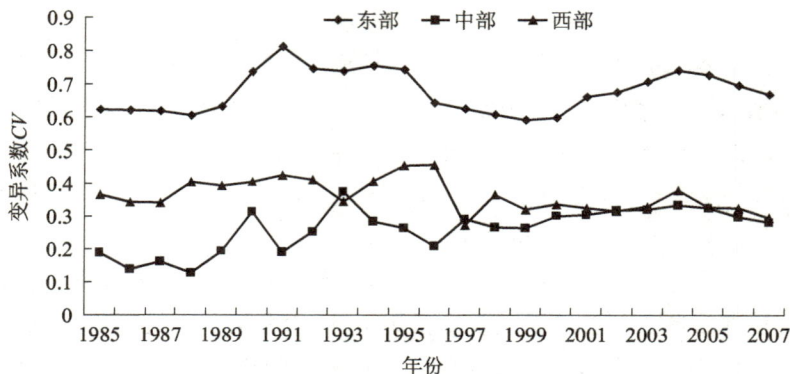

图 4-5　1985—2007 年东部、中部、西部地区内部的农民非农收入的变异系数变化

　　数据来源：根据各省的统计年鉴数据计算。

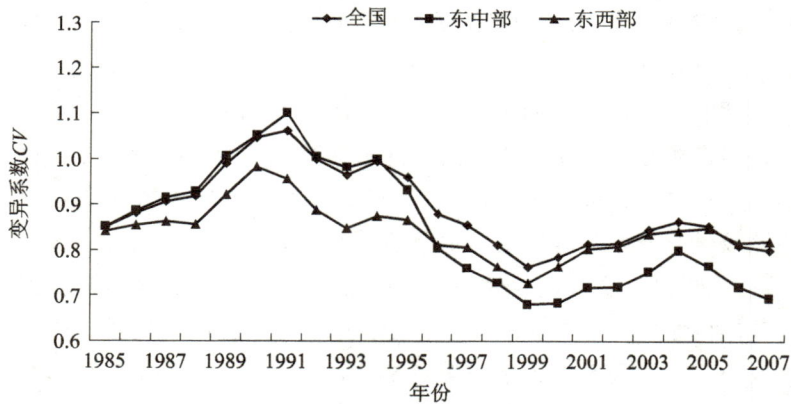

图 4-6　1985—2007 年全国、东中部、东西部变异系数变化

　　数据来源：根据各省的统计年鉴数据计算。

（2）绝对 β 收敛的分析结果

σ 收敛分析反映水平方向的趋同情况，进一步地，本书对不同地区的非农收入增长率进行绝对 β 收敛分析。上部分的 σ 收敛分析表明农民非农收入的收敛性存在时期性，1985—1991 年，农民非农收入呈现短期发散，农民非农收入的收敛性主要体现在 1992 年后，所以，进行绝对 β 收敛分析时，就全国、东中部和东西部地区以 1992 年作为转折点，分 1985—1991 年和 1992—2007 年两个时期进行比较研究。基于回归方程（4-3）的计量结果见表 4-3，结果表明：1985—2007 年，全国、东中部和东西部地区三个方程的 β 系数都显著为负，存在显著的绝对 β 收敛，但这种收敛主要发生在 1992 年贸易全面开放后；而 1985—1991 年，三个方程的 β 系数均不显著，不存在收敛现象。绝对 β 收敛的分析结果与上部分 σ 收敛的分析结果具有一致性。

（3）条件 β 收敛的分析结果

前面的实证表明农民非农收入存在绝对收敛。但为了进一步分析影响非农收入增长的其他因素并判断是否存在条件收敛，对回归方程（4-4）进行了估计，基于面板数据的回归结果（表 4-4）表明，全国、东中部和东西部的三个方程中，$\ln y_{i0}$ 的系数都显著为负，表明存在条件收敛。在三个回归方程中，投资对非农收入的增长有显著的正影响，而人口增长有负影响，但统计上并不显著。而对外开放对全国、东中部和东西部地区农民非农收入的增长发挥了显著的正向作用，同时，三个方程中交叉项的系数显著为负，表明对外开放有利于提高全国、东中部和东西部地区农民非农收入的收敛速度。所以，对外开放有利于全国、东中部和东西部地区农民非农收入的增长，是全国、东中部和东西部地区农民非农收入差距缩小的主要因素之一。

表 4-3　不同时期不同地区绝对 β 收敛的比较分析

时期	全国			东部和中部			东部和西部		
	1985—1991	1992—2007	1985—2007	1985—1991	1992—2007	1985—2007	1985—1991	1992—2007	1985—2007
常数	0.144 (0.075)*	0.410 (0.042)***	0.215 (0.027)***	0.081 (0.096)	0.490 (0.055)***	0.228 (0.035)***	0.152 (0.077)	0.356 (0.044)***	0.225 (0.029)***
$\ln y_{i0}$	-0.007 (0.015)	-0.042 (0.006)***	-0.014 (0.004)***	0.005 (0.018)	-0.050 (0.008)***	-0.015 (0.005)***	-0.006 (0.015)	-0.034 (0.006)***	-0.015 (0.005)***
调整	0.102	0.235	0.149	0.249	0.278	0.196	0.149	0.258	0.146

注：括号中为标准误差，* 表示在 10%的水平上显著，** 表示在 5%的水平上显著，*** 表示在 1%的水平上显著。
数据来源：笔者计算所得。

表 4-4　不同地区条件收敛(1985—2007 年)

	全国	东中部	东西部
常数	0.189	0.184	0.206
	(0.035)***	(0.049)***	(0.038)***
$\ln y_{i0}$	−0.015	−0.033	−0.017
	(0.006)***	(0.012)***	(0.006)***
$\ln k$	0.116	0.022	0.088
	(0.027)***	(0.008)***	(0.026)***
$\ln pop$	−0.033	−0.028	−0.033
	(0.029)	(0.032)	(0.027)
$open$	0.234	0.29	0.236
	(0.102)**	(0.110)***	(0.096)**
$open^* \ln y_{i0}$	−0.026	−0.034	−0.026
	(0.013)**	(0.015)**	(0.013)**
调整 R^2	0.583	0.566	0.694

注:括号中为标准误,＊表示在10％的水平上显著,＊＊表示在5％的
水平上显著,＊＊＊表示在1％的水平上显著。

数据来源:笔者计算所得。

4.3.5　结论

贸易开放对农民收入的影响一直为研究者甚至公众所关
注,在分析了贸易开放对农民绝对非农收入的影响的基础上,本
节进一步分析贸易开放对农民非农收入增长及其收敛的影响,
两种参数检验均表明,1992 年贸易全面开放后,全国、东中部、
东西部地区农民非农收入都存在收敛行为。全国范围内农民非
农收入的差距在缩小,其中东部和中部、东部和西部地区农民非
农收入差距都在变小。考虑贸易开放因素后,全国、东中部、东
西部地区农民非农收入收敛速度显著提高,因此,对外开放是全
国、东中部和东西部地区农民非农收入差距缩小的重要因素。

4.4　本章小结

本章采用泰尔指数对我国 1985—2007 年的农民非农收入的地区差异进行测算和分解,对我国农民非农收入的地区差异的来源进行分析,得出:

① 我国农民非农收入的泰尔指数自 1985 年到 1996 年呈上升趋势,1996 年之后呈不稳定状态,总体差异上下波动。东、中、西部地区内差异自 1985 年以来总体呈上升趋势,而自 1985 年到 1992 年在扩大,1992 年贸易全面开放以后呈下降趋势。

② 在我国农民非农收入总体差异的构成中,地区间收入差异(东部、中部和西部之间的差异)始终是影响总体差异的决定因素。但东、中、西部地区间收入差异的贡献率自 1985 年以来却在不断下降,东、中、西部地区内收入差异的贡献率却持续上升。

关于贸易开放对农民非农收入的影响,本章第 2 节首先分析了贸易开放对农民非农收入的影响作用。分析表明,改革开放以来,我国农民的非农收入呈整体上升趋势,而贸易开放对农民非农收入的增加具有推动作用。

在分析了贸易开放对农民非农收入的影响的基础上,本章第 3 节进一步分析贸易开放对农民非农收入增长及其地区收敛的影响,两种参数检验均表明 1992 年贸易全面开放后,全国、东中部、东西部地区农民非农收入都存在收敛行为。全国范围内农民非农收入的差距在缩小,其中东部和中部、东部和西部地区农民非农收入差距都在变小。考虑贸易开放因素后,全国、东中部、东西部地区农民非农收入收敛速度显著提高,对外开放是全国、东中部和东西部地区农民非农收入差距缩小的重要因素。

我国对外贸易基本以劳动密集型产品出口为主,贸易开放遵循我国劳动力丰富的比较优势,劳动密集型产业的发展吸纳大量农村初级劳动力,贸易开放有利于我国农民非农收入的增长,而我国中西部地区初级劳动力相对丰富,更容易分享贸易开放带来的好处。虽然我国农民非农收入存在明显的地区差异,但贸易开放对地区间的非农收入收敛有正向影响,有利于缩小农民非农收入的差距。由于我国农村劳动力丰富,解决农民增收问题已经不可能仅仅在农业内部解决,要维持农民的增收,就要提高农民的非农收入,使农民更多地参与到贸易开放中。

第 5 章 贸易开放对我国异质劳动力收入
差异的影响机制及其适应性检验

传统贸易理论关于贸易的收入分配效应以最终产品贸易作为分析对象,然而随着国际贸易的发展,国际贸易的产品与结构都在发生着变化,传统贸易理论可能已经无法解释现实中贸易对收入分配,特别是异质劳动力收入差异的影响。因此,本章首先对我国贸易结构变化进行分析,着重分析中间产品贸易在我国贸易中的特殊性,然后就中间产品贸易对异质劳动力收入差异的影响机制进行理论分析,并从贸易的技术溢出角度分析该机制在我国的适应性。

5.1 我国贸易结构变化分析

5.1.1 按贸易方式分的进出口贸易结构

我国统计机构按贸易方式将我国货物贸易分为一般贸易、加工贸易和其他贸易。我国的贸易方式以一般贸易和加工贸易为主,占总体贸易的 85％以上。1993 以前,我国对外贸易以一般贸易为主;1993 年以后,加工贸易在对外贸易中的比重高于一般贸易(图 5-1)。

1993 年以前,我国一般贸易占据第一位,并且一般贸易不仅在出口贸易中的比重占据第一位,还在进口贸易中的比重也是第一位。所以 1993 年以前,我国的贸易方式无论进、出口都以一般贸易为主(图 5-2)。

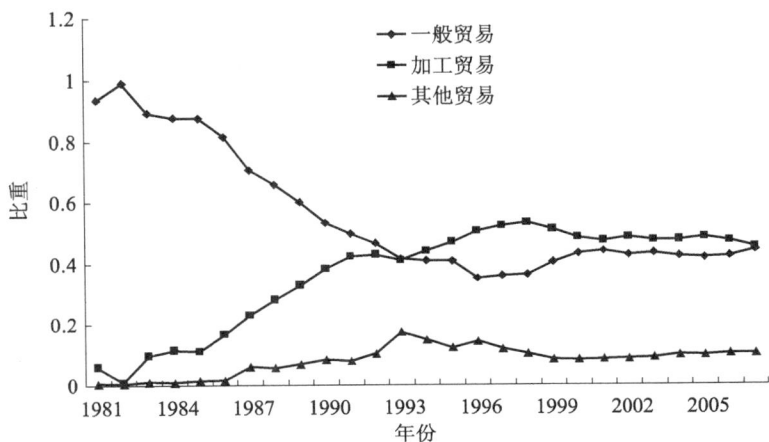

图 5-1　1981—2007 年按贸易方式分的贸易结构

数据来源:《中国统计年鉴》。

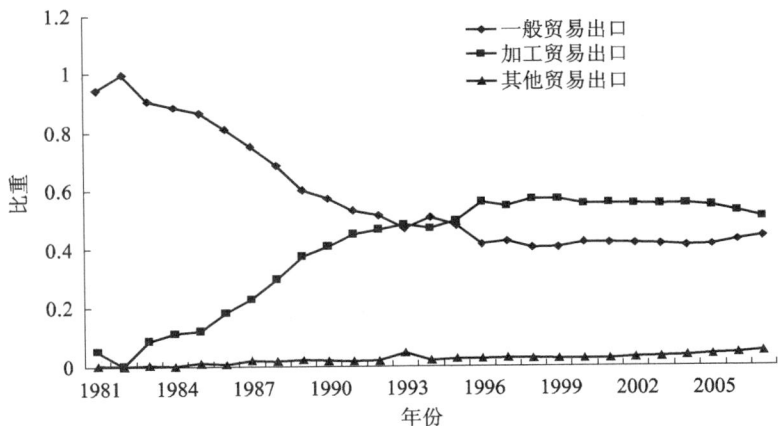

图 5-2　1981—2007 年按贸易方式分的出口贸易结构

数据来源:《中国统计年鉴》。

  1993 年以后,加工贸易总额高于一般贸易,主要源于 1993 年以后我国的出口贸易中加工贸易的比重为第一位,虽然 1998 年以后,我国加工贸易的比重缓慢下降,由 1998 年的 56.86％下降到 2007 年的 50.71％,但加工贸易占出口贸易的比例均高于 50％。1993—1999 年,进口贸易中加工贸易比重高于一般贸易;2000 年以后,进口贸易中一般贸易比重稍高于加工贸易;2001 年以后一般贸易的比重呈下降趋势,由 2001 年的 46.58％降到 2007 年的 44.84％,而加工贸易却略有上升(图 5-3)。

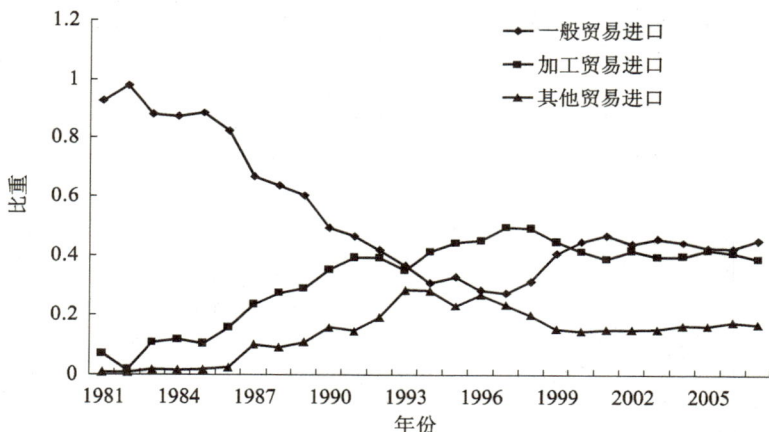

图 5-3　1981—2007 年按贸易方式分的进口贸易结构

数据来源:《中国统计年鉴》。

  从按贸易方式分的进出口贸易结构可以看出,目前我国总体贸易还是以加工贸易为主要贸易方式,贸易特征是进口很大,同时出口也很大。这主要与我国参与国际分工还是处于附加值很低的生产环节,只是进行简单的组装、加工有关。如果简单将加工贸易作为我国承接国外的外包任务,那么我国在国际分工中有显著的产品内分工的特点。

5.1.2　按商品构成成分的进出口贸易结构

中国海关数据按商品构成将我国货物贸易分为初级产品和工业制成品贸易。我国贸易商品以工业制成品为主,1980—2007 年,我国初级产品贸易比重不断下降,相反工业制成品贸易的比重却持续增加。1980 年我国初级产品贸易占贸易总额的 42.15%,2007 年下降到 14.01%;而我国工业制成品贸易比重由 1980 年的 57.85%上升到 2007 年的 85.99%(图 5-4)。

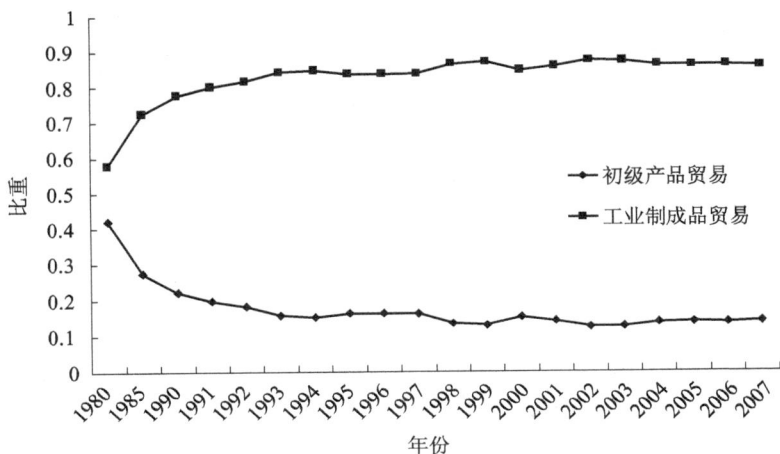

图 5-4　1981—2007 年按商品构成成分的贸易结构

数据来源:《中国统计年鉴》。

我国出口贸易中,1980 年工业制成品出口额为 90.05 亿美元,2007 年为 11 562.67 亿美元,工业制成品出口比重由 1980 年的 49.7%上升到 2007 年的 94.95%。而 1980 年初级产品出口额为 91.14 亿美元,2007 年为 615.09 亿美元,初级产品出口比重由 1980 年的 50.3%下降到 2007 年的 5.05%(图 5-5)。

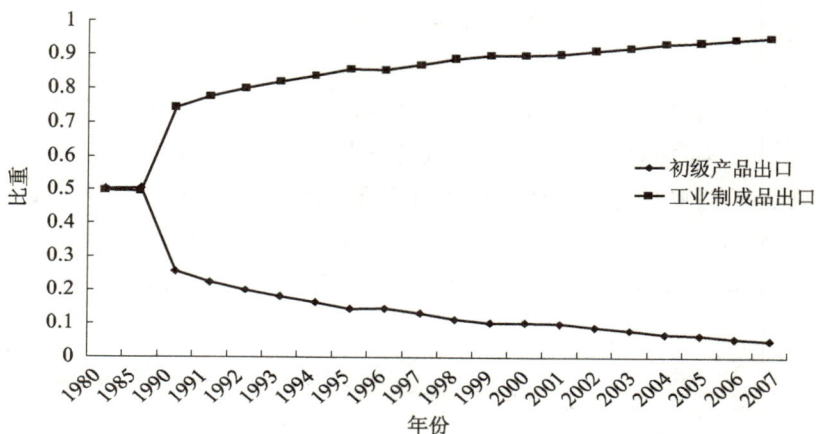

图 5-5　1980—2007 年按商品构成分的出口贸易结构

数据来源:《中国统计年鉴》。

　　我国进口贸易中,1980 年工业制成品进口额为 130.58 亿美元, 2007 年为 7 128.65 亿美元,工业制成品进口比重由 1980 年 的 65.23% 上升到 2007 年的 74.57%。而 1980 年初级产品 进口额为 69.59 亿美元,2007 年为 2 430.85 亿美元,初级产 品出口比重由 1980 年的 34.77% 下降到 2007 年的 25.43% (图 5-6)。

　　按商品构成分的贸易结构表明,我国贸易以工业制成品为 主,并且出口贸易中工业制成品的比重持续上升,这反映了我国 的工业化进程不断升级,顺应国际产业的转移,我国参与国际分 工已经步入行业内部分工阶段。

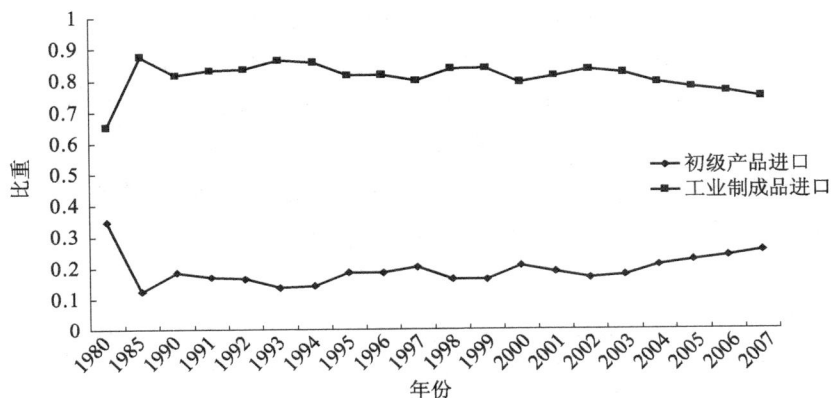

图 5-6 1980—2007 年按商品构成分的进口贸易结构

数据来源:《中国统计年鉴》。

5.1.3 按产品的生产过程分的进出口贸易结构

我国贸易以工业制成品为主,以加工贸易的方式参与国际分工。随着全球化的深入,国际分工不断深化,表现为同一产品的不同生产阶段在不同国家进行,产品内贸易发展迅速,根据联合国 Broad Economic Catalogue(BEC)分类法,按照产品的生产过程将商品分为三大类,即初级产品、中间产品和最终产品。中间产品包括半成品和零部件,最终产品包括资本品和消费品。1992—2007 年,我国工业部门中间产品贸易发展迅速,贸易总额由 1992 年的 76.79 亿美元上升到 2007 年的 929.7 亿美元,增长了 12 倍,其中,中间产品进口额由 1992 年的 52.34 亿美元上升到 2007 年的 694.87 亿美元,增长了 13 倍;中间产品出口额由 1992 年的 28.95 亿美元上升到 2007 年的 483.63 亿美元,增长了近 17 倍,中间产品出口发展迅猛。我国中间产品贸易的显著特点是,1992—2007 年中间产品进口额都高于出口额(图 5-7),我国是中间产品贸易的逆差国。同时,这期间中间产品进口比重约为 70%,出口比重约为 40%,中间产品进口比重明显高于出口比重(图 5-8)。中间产品进口比重高而出口比重较低的贸易结构与我国以加工贸易为主的贸易结构休戚相关。Deniz Unal-Kesenci(2006)对我国 2003 年的加工贸易进口进一步分解发现,2003 年加工贸易进口中的 80%为中间产品。我国的加工贸易主要是利用国外零部件和其他资源,即大量进口中间产品,然后在本国进行加工、组装成制成品(最终产品)出口。

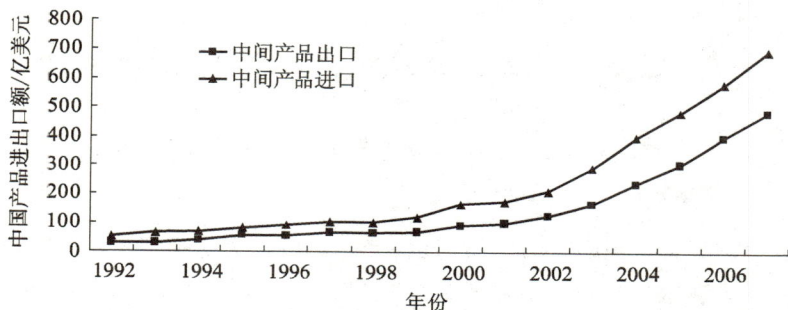

图 5-7 1992—2007 年我国工业部门中间产品进出口额

数据来源:历年的《中国统计年鉴》和联合国 COMTRADE 数据库。

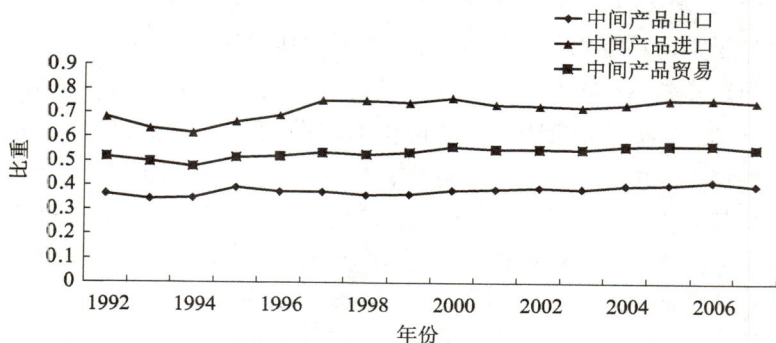

图 5-8 1992—2007 年我国工业部门中间产品贸易占总贸易的比重

数据来源:历年的《中国统计年鉴》和联合国 COMTRADE 数据库。

我国加工贸易的发展导致进口贸易中中间产品比重很大，出口贸易中最终产品比重大，而中间产品出口占总出口的比重相对较小。

5.2　中间产品贸易的特点

5.2.1　产品内分工和生产环节转移

经历过科技革命，技术进步使得国际分工更加细分化，由产业间分工向产业内部分工迅速转变，同种产品的生产过程更加复杂化，一个最终产品的零部件、生产工艺等不同生产阶段都可以分解到各个部门进行专业化生产。也就是说，之前，一个最终产品由一个企业生产，现在由于专业化程度的提高，一个最终产品可以分解为若干个中间产品，在许多企业中生产。在国际分工中，表现为一个最终产品的不同生产阶段在不同国家生产完成，称之为产品内分工。产品内分工使得中间产品成为可交换的商品。世界制造业的发展经历了英国时代、美国时代、日本时代后，急需寻找下一个具有低生产成本的国家，我国劳动力资源丰富，廉价的劳动力吸引了大量国际制造业中低技术、劳动力密集的组装加工生产环节向我国转移，我国作为承接方主要提供劳动力的加工贸易方式得以迅速发展。伴随着我国加工贸易的发展，我国对外贸易中中间产品的进口数量和总额大量增加，中间产品进口额占总进口的比重为 70% 以上。

另一方面，由于我国作为发展中国家与发达国家存在技术差距，基于我国低廉的劳动力成本和部分丰裕的生产资源，发达国家会将本国产品生产中的低技术生产环节外包给我国生产，向我国进口中间产品，导致我国中间产品出口。因此，总的来说，产品内分工和生产环节转移是我国中间产品贸易产生的根本原因。

5.2.2　中间产品出口与贸易结构升级

改革开放以来,我国的贸易结构先后完成了两次转变,1981年我国出口贸易中,工业制成品的比重达到53.43%,首次超过初级产品,完成工业化的第一次转变。2003年,我国工业制成品出口中机电、高新技术产品等资本密集型产品出口比重为47.32%,第一次超过劳动和资源密集型产品,实现第二次转变(魏锋,2009)。第一次贸易出口由初级产品向工业制成品转变表明我国贸易结构实现了首次升级。可第二次贸易出口由劳动和资源密集型产品向资本密集型产品转变是否表明我国贸易结构实现了再次升级却值得商榷。传统贸易理论关于资本密集型产品和劳动密集型产品的划分是根据最终产品确定的,中间产品并未考虑其中。然而,产品内分工产生大量中间产品贸易,所以,在当代贸易中仅仅根据最终产品的要素禀赋来判断一国的贸易商品的结构变化可能具有偏差。由于中间产品的存在,一国出口的最终产品的要素密集程度和本国生产该最终产品的生产过程中要素密集程度有差别,一些劳动密集型的最终产品在某国的生产阶段却是资本密集型的,而一些资本密集型的最终产品在某国的生产阶段却可能是劳动密集型的。许多发展中国家从国外进口资本密集型中间产品,然后组装加工成资本密集型最终产品出口,虽然该国出口的最终产品是资本密集型产品,可该国从事的组装加工过程是劳动密集型的,对于该国而言,出口的资本密集型最终产品实际上是劳动密集型产品。我国通过加工贸易参与国际产品内分工,改革开放以来,我国加工贸易高速增长,对外贸易方式以加工贸易为主,2007年我国加工贸易出口占总出口的50.71%。加工贸易本质上是指某国从国外进口中间产品,经过组装加工成最终产品后出口的贸易方式,我国"两头在外"的加工贸易使得我国大量进口资本密集型的中间产品,导致出口贸易中资本密集型最终产品比重上升,可实际上,我国参与国际产品内分工阶段是劳动密集型的,我国出口大量资本密集型产品是因为进口了大量资本密集型中间产品,而出口的资本密集型产品的增加值是相对廉价的加工费。所以,虽然 2003 年我国工业制成品出口贸易中机电、高新技术产品等资本密集型产品出口比重为 47.32%,超过劳动和资源密集型产品,但是并不能说明我国对外贸易结构有所优化。由于中间产品的要素禀赋与最终产品的要素禀赋存在差异,所以,最终产品的要素禀赋并不能反映一国贸易结构,在分析贸易结构变化时要充分考虑中间产品的影响。产品内分工促使中间产品贸易迅速发展,一国中间产品的出口能较好地反映该国在产品价值链分工中所处的阶段,一国贸易结构的优化,实现价值链的攀升,参与附加值更多的分工环节将直接表现为该国出口中间产品的升级,所以,从产品内分工角度分析,一国中间产品的出口情况能更好地反映一国贸易结构的变化趋势。

5.3　贸易开放对我国异质劳动力收入差异的影响机制

20 世纪 80 年代以来,国际贸易迅速发展的同时贸易内容也发生着变化,产品内分工的实现、生产环节的转移,使得中间产品贸易在国际贸易中的比重明显提高。传统贸易理论模型关注的是最终产品贸易,由于中间产品贸易的存在,传统贸易理论关于贸易对生产要素,特别是不同质量劳动力的需求预期与现实世界情况存在差异。因此,有必要从中间产品贸易角度出发分析贸易对不同质量劳动力的需求的影响。

根据产品内分工理论,假定最终产品 Y 的生产可分解为一系列连续的中间产品生产阶段,包括组装、零部件生产、销售、研发等(图 5-9)。各生产阶段按技术密集度从低到高排列,用指数 z 表示,$z \in [0,1]$,z 接近 1,则表明该生产阶段技术越高;z 接近 0,

则表明该生产阶段技术越低。

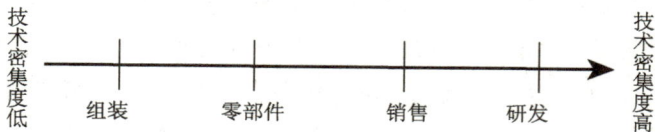

图 5-9 产品生产阶段序列

假定生产一单位的中间产品 $X(z)$ 需要熟练劳动力 $AH(z)$、非熟练劳动力 $AL(z)$ 和资本 K，则中间产品的生产函数为

$$X(z) = B \left\{ \min \left[\frac{L(z)}{AL(z)}, \frac{H(z)}{AH(z)} \right] \right\}^{\theta} K^{1-\theta}$$

式中，$H(z)$，$L(z)$ 为国内用于中间产品生产的熟练劳动力和非熟练劳动力的数量。

最终产品 Y 是由一系列连续的中间产品生产阶段组成的，因此，产品 Y 的生产函数为

$$\ln Y = \int_0^1 \alpha(z) \ln X(z) dz$$

式中，$\int_0^1 \alpha(z) dz = 1$。

而中间产品的成本函数为

$$C(w, q, r, z) = B' [wAL(z) + qAH(z)]^{\theta} r^{1-\theta}$$

式中，w，q，r 分别为非熟练劳动力的工资、熟练劳动力的工资、资本报酬。

由于发达国家与发展中国家的要素禀赋不同，所以发达国家熟练劳动力与非熟练劳动力的工资比 $\left(\dfrac{q^*}{w^*} \right)$ 低于发展中国家的工资比 $\left(\dfrac{q}{w} \right)$，发达国家的资本报酬 (r^*) 低于发展中国家的资本报酬 (r)，即

$$\frac{q^*}{w^*} < \frac{q}{w}, \quad r^* < r$$

　　在要素价格确定的情况下,发达国家和发展中国家的成本曲线为 c^*c^* 和 cc(图 5-10),两者相交于 z^*。在产品 $[0,z^*]$ 阶段,由于 $[0,z^*]$ 阶段发展中国家的成本低于发达国家,因此,$[0,z^*]$ 阶段的中间产品将在发展中国家生产。而在产品 $[z^*,1]$ 阶段,由于发达国家的成本低于发展中国家,因此,$[z^*,1]$ 阶段的中间产品将在发达国家生产。由此,发达国家和发展中国家之间就产生了中间产品贸易。发展中国家的熟练劳动力的相对需求可表示为

$$D(z^*) = \frac{\int_0^{z^*} \frac{\partial c}{\partial q} X(z)\mathrm{d}z}{\int_0^{z^*} \frac{\partial c}{\partial w} X(z)\mathrm{d}z}$$

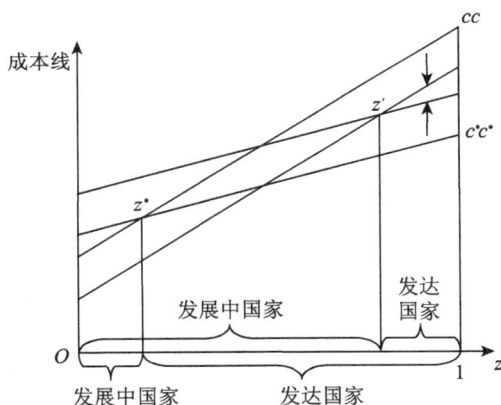

图 5-10　国际生产分工图

　　发展中国家熟练劳动力的相对需求曲线与供给曲线决定了熟练劳动力的相对工资(图 5-11)。

　　由于经济开放,资本可以在发达国家和发展中国家之间流动,又由于资本的逐利性,一些资本会从发达国家流入发展中国家,发达国家资本存量的减少使得发达国家的资本报酬 r^* 上升,发展中国家随着资本存量的增加,其资本报酬 r 下降,由此

导致两国的生产成本发生变化(图5-10),发达国家的成本曲线 c^*c^* 会上移,而发展中国家的成本曲线 cc 会下移,两条成本曲线的交点由 z^* 右移到 z',两国生产阶段分工发生变化表现为发达国家和发展中国家之间中间产品贸易的变化,发展中国家与发达国家的中间产品贸易将直接影响两国国内熟练劳动力的相对需求。发达国家将本国低技术生产阶段 $[z^*,z']$ 转移到发展中国家,发达国家对非熟练劳动力的相对需求减少,对熟练劳动力的相对需求增加,导致发达国家熟练劳动力的相对工资上升。而发展中国家中间产品的生产阶段增加了 $[z^*,z']$,对于发展中国家,由于增加的 $[z^*,z']$ 生产阶段比原来国内的生产技术要高,使得发展中国家熟练劳动力的相对需求增加(图5-11),需求曲线 $D(z^*)$ 右移至 $D(z')$,从而导致发展中国家熟练劳动力的相对工资上升。

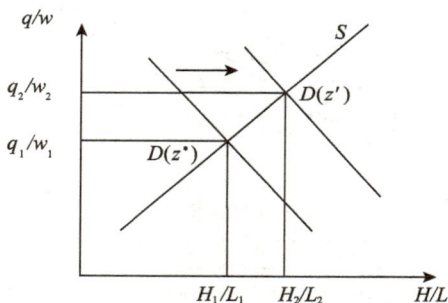

图 5-11　熟练劳动力相对需求

　　我国是世界上最大的发展中国家,承接大量发达国家的国际外包业务,出口大量中间产品到发达国家,由于发达国家外包给我国的低技术环节高于我国的技术生产水平,导致我国非熟练劳动力相对需求上升,所以,由于产品内分工、国际生产环节的转移产生中间产品贸易会增加我国熟练劳动力的相对需求,导致非熟练劳动力相对工资的下降。

5.4 对外贸易对我国异质劳动力收入差异影响机制的适用性检验——基于贸易技术溢出效应的分析

通过上一节中间产品贸易对异质劳动力收入差异的影响机制分析可知,发达国家将国内的低技术生产环节向发展中国家转移而产生的中间产品贸易会提高我国生产的技术水平,由此带来的生产技术水平的提高会对我国异质劳动力的需求产生不同影响,熟练劳动力相对需求的增加会扩大我国异质劳动力,即熟练劳动力和非熟练劳动力之间的收入差距。因此,本节将从贸易的技术溢出角度分析贸易对异质劳动力收入差异影响机制在我国的适用性。基于此,本节首先对我国工业部门的全要素生产率进行测算,以此对我国工业部门的技术进步进行定量计算,然后实证分析我国工业部门的贸易开放对工业部门的全要素生产率的影响。

5.4.1 我国工业部门全要素生产率的测算与分析

改革开放以来,通过将体制改革释放出的活力与劳动力丰富的比较优势结合起来,中国创造了人类经济增长历史上前所未有的奇迹(林毅夫,1999)。我国工业部门生产总值高速增长,由 1978 年的 1 607 亿元上升到 2007 年的 107 367.2 亿元,2007 年的工业生产总值是 1978 年的 66.81 倍。特别是 20 世纪 90 年代以后,工业部门生产总值增速尤其引人注目,1992 年到 2007 年年均增长率为 17%(图 5-12)。中国工业的增长速度远远高于世界平均水平。伴随着我国工业部门的飞速发展,我国经济增长迅速,备受世界瞩目。

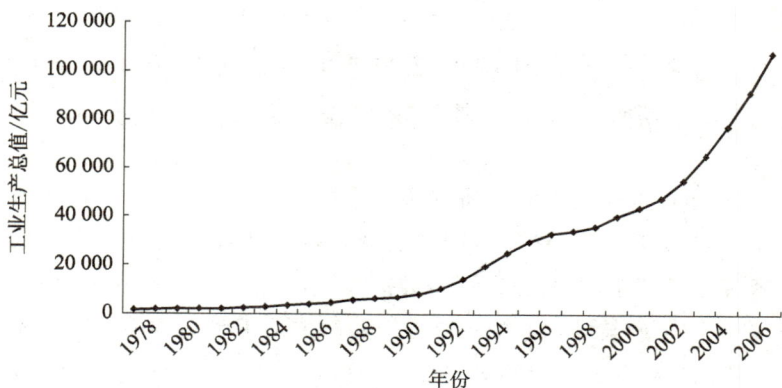

图 5-12　1978—2007 年我国工业生产总值

数据来源:《中国统计年鉴》。

　　如何维持我国工业部门的飞速发展,即我国工业部门增长的动力问题引人深思。因为我国工业部门高速增长的同时,工业部门生产中的要素投入也大量增加。我国工业部门生产过程中大量消耗能源,工业产品单位产出能耗远远超过世界平均水平,我国工业的高耗能现象引起了世界范围的关注,质疑声不断。我国工业部门产量的增加以大量消耗资源和能源为代价,近年来,我国工业生产的增长主要源于各种生产要素的大量投入。然而资源和能源是不可再生的,要维持我国工业部门的可持续发展不能光依靠生产要素的不断投入。由高投入、高消耗带动的工业增长必不能持久。新经济增长理论指出技术进步是经济增长的最终动力,我国工业部门要可持续发展必须走技术进步之路。所以,我国作为发展中国家,技术进步、生产效率的提高对我国工业部门的生产至关重要。

　　总的来说,技术进步是我国工业部门可持续发展的关键。同时,我国工业部门的技术进步可能源于我国的科研投入,也可能源于国外的技术溢出。本节首先定量测定我国改革开放以来工业部门的技术进步,为之后的研究做准备。

5.4.1.1　测算我国工业部门全要素生产率的研究方法

技术进步的作用体现于在投入相同数量要素的情况下产出会增加。工业部门的投入产出是在一定生产制度和技术水平的基础上发生的,由于生产制度的改革和科技创新使得工业部门的技术水平提高、产出增加,所以生产效率的提高是技术进步的重要体现,这是对工业技术进步较为直观的理解。

由于技术进步是工业部门发展的决定力量,大量文献对工业部门的生产效率进行研究,然而由于工业生产中各投入要素的计量单位不一致,很难进行统一量化,相对而言,针对单个生产要素的生产率进行研究相对容易,因此相当一部分文献集中研究生产投入中的某个要素的生产率,比如,工业部门的劳动生产率等。然而单个要素的生产率虽然在一定程度上能反映出某种生产要素的禀赋情况,但却不能体现总的生产效率。要反映总的生产效率,必须将所有投入的生产要素考虑在内,由此测算出来的总的生产效率为全要素生产率(TFP)。全要素生产率能从总体要素投入的层面全面反映生产的综合效率。

关于我国工业部门全要素生产率的研究文献相当丰富,其研究方法可以分为两大类:一类是参数分析法,其将全要素生产率解释为生产中总的投入产出率,而各种不同要素投入的总和需要根据各要素投入对产出的贡献大小运用加权的方式进行指标的设定和计算。参数分析法包括经济增长因素分析方法和随机前沿生产函数法(SFA)。姚洋(1998,2001)利用截面数据使用随机前沿生产函数法测算了我国工业部门的生产效率,但无法显示生产效率在时间上的变化;随后,涂正革和肖耿(2005)、王争(2006)、李胜文和李大胜(2008)、严兵(2008)、干春晖(2009)均采用面板数据利用随机前沿生产函数研究了我国工业经济的动态表现,但这些研究并未得出一致的结论,这可能是由所采用的数据不一致造成的,有的采用企业面板数据,有的使用行业面板数据,而随机前沿生产函数法较适用于企业层级的数据(万兴,2007),这是由于参数分析法需要预先设定生产函数的具体形式,如果使用行业面板数据,不同行业存在的技术差异可能会使所建立的加总生产函数并不适用于各个行业,存在生产函数误设的问题。另一类是非参数分析法,主要指数据包络分析(DEA)。相对于参数分析法,非参数分析方法采用线性规划的方法,不需要设定任何具体的生产函数形式或分布假设,对各种形式的投入产出都能适用,同时,它能把观测值到前沿面的偏差都当作无效率的结果,完全忽略测度的误差。近年来,运用非参数分析法研究我国工业行业的有:刘艳萍(2009)测算了长三角地区制造业的全要素生产率;沈能等(2007)采用省级面板数据测算了我国工业总体和地区的全要素生产率;张莉侠等(2006)对我国乳制品业的全要素生产率变动进行了分析;刘志迎(2006)就我国高技术产业的技术效率进行了实证研究。已有的研究大多是以特定地区或特定产业作为研究对象,对工业总体及细分行业进行的分析较少,任艳玲(2006)等基于 DEA 模型对我国工业生产率水平与变迁进行了分析。参数法和非参数法都存在缺陷。非参数法的缺陷是如果数据测量存在误差,或者生产过程中存在一些随机因素,会对结果产生很大影响。可是事实上,我们采用的我国统计年鉴的数据或多或少存在统计上的误差,同时在我国工业部门发展过程中,政策的影响作用不容忽视,而政策具有明显的随机性,因此,数据误差和随机因素的存在导致非参数法本身的缺点很难克服;而参数估计方法却正好能弥补非参数法存在的缺陷。一方面,参数估计法能较好地对随机因素的影响进行控制;另一方面,参数估计法受数据度量误差的影响较小。当然,参数估计法本身也有缺陷,它假定要素弹性是单一化的,然而通过技术手段,这个问题可以解决。所以,相对于非参数分析法,采用参数估计法对我国工业部门的全要素生产率进行测算较为合适。

在参数估计法中,经济增长因素分析法的运用比较成熟,因此本部分将采用经济增长因素分析法全面测算我国 1978—2007 年工业部门的全要素生产率,为后续研究提供现状及数据准备。

关于经济增长问题的研究,学界通常认为经济增长主要来源于两个方面:提高生产要素的投入数量和提高生产要素的生产效率。要素生产率是反映投入生产的要素的使用效率的指标。经济增长因素分析方法主要研究生产要素是通过何种途径有效地促进经济增长。大量文献通过分析生产函数来探讨生产要素投入与经济增长的关系,这是因为生产函数体现了生产要素的不同组合与产出之间的关系。可全要素生产率反映的是,不是由于生产要素投入导致的那部分产出的变化,通常全要素生产率表现为一定时期内一生产单位的投入与产出两者之间的比例,以此来衡量一个地区或者一个行业经济的总体效率。

本部分将对我国工业部门的全要素生产率进行测算,已有的研究依据工业部门生产中要素发挥作用的不同将工业部门生产要素分为劳动、固定资产投资、中间投入。本部分假定我国工业部门的生产函数如下:

$$Y_t = A_t \times L_t^{\alpha} \times K_t^{\beta} \times N_t^{\gamma} \qquad (5\text{-}1)$$

式中,Y 为工业部门的总产出;L 为工业部门生产中的劳动;K 为工业部门生产中的固定资产投入;N 为工业部门生产中的中间投入;α,β,γ 是需要进行估计的参数,分别表示相对应生产要素的产出弹性,反映各生产要素对产出的贡献大小;A_t 表示工业部门产出增加中无法用要素投入增加解释的部分,这可能是由工业生产技术水平等相关影响因素引起的;t 为时间。

我们需要对产出弹性 α,β,γ 进行估算,为了计算方便,通常会对式(5-1)进行对数变换,可得式(5-2):

$$\ln Y_t = \ln A_t + \alpha \times \ln l_t + \beta \times \ln K_t + \gamma \times \ln N_t + \mu_t \quad (5\text{-}2)$$

式中，μ_t 为随机误差项。通过对式(5-2)进行多元回归分析，可以估算出参数 α, β, γ 的值，即可得到各要素的产出弹性。为了更直观地反映劳动投入、固定资产投资和中间投入对产出贡献的大小关系，以及各个要素的贡献在所有要素投入的贡献中的比重，当生产规模不是固定不变（即 $\alpha + \beta + \gamma \neq 1$）的情况下就需要对估算出的产出弹性 α, β, γ 进行归一化处理：

$$\alpha^* = \frac{\alpha}{\alpha + \beta + \gamma}$$

$$\beta^* = \frac{\beta}{\alpha + \beta + \gamma}$$

$$\gamma^* = \frac{\gamma}{\alpha + \beta + \gamma}$$

$$\alpha^* + \beta^* + \gamma^* = 1$$

全要素生产率表现为在一定的生产条件下总体要素投入与生产产出两者之间的比例关系。由于不同的要素投入不能进行加总，但是我们可以将各生产要素对产出贡献的大小作为权重对不同要素投入进行算术加总，由此可得到工业部门生产要素总投入的指标：

$$I_t = \alpha^* \times L_t + \beta^* \times K_t + \gamma^* \times N_t$$

那么，工业部门全要素生产率为

$$TFP_t = \frac{Y_t}{I_t}$$

即

$$TFP_t = \frac{Y_t}{\alpha^* \times L_t + \beta^* \times K_t + \gamma^* \times N_t} \quad (5\text{-}3)$$

5.4.1.2 变量选取和数据来源

（1）变量选取

用参数法测算我国工业部门全要素生产率，表现为工业部门生产的投入产出比,所以本节需要选取两类变量:产出变量和投入变量。工业部门生产投入既包括固定资产投资也包括中间投入,两者对工业部门的产出的影响起着不同的作用,所以本节工业部门的投入变量包括劳动力投入、固定资产投资投入和中间投入三个主要投入变量。

① 工业部门生产产出变量

因为参数估计法所采用的生产函数更多的是基于生产层面的分析,所以本部分所采用的产出指标用工业总产值(GVIO)而非工业 GDP 表示。并且以起始年份 1978 年为基期,剔除价格变动因素,得到可比价指数。

② 工业部门生产投入变量

a. 工业部门劳动力投入

严格意义上的劳动力投入不仅仅是指劳动者的数量,即人数,还包括每个劳动者的劳动时间及劳动效率,综合以上因素才是劳动投入的全面体现。但是由于数据的可获取性,本部分用工业部门职工年均人数来表示工业部门的劳动投入。

b. 工业部门固定资产投入

我国统计年鉴上的工业固定资产数据采用的是当年价,没有剔除价格因素的影响,因此需要把它转换为可比价,所以本部分先要确定固定资产价格指数。固定资产价格指数没有现成的数据,本部分参照我国统计局下属固定资产投资统计司(1987年)的计算方法,即通过加总建筑安装工程价格指数、设备价格指数和其他费用价格指数得出固定资产价格指数。由于其他费用所占比例比较小,本部分计算时只考虑了建筑安装工程价格指数和设备价格指数,通过加权平均得出固定资产价格指数。计算公式如下:

$$p_i(t)=w_j(t)p_j(t)+w_s(t)p_s(t)$$

式中, $p_i(t)$ 为固定资产价格指数; $p_j(t)$ 为建筑安装价格指数;

$p_s(t)$ 为设备价格指数。建筑安装价格指数可以通过两种方法求得（Chen，1992）；第一，将建筑业产值的当年价和推算出的可比价相除，由此得出建筑工程安装价格指数，我国统计局固定资产投资统计司（1987 年）采用的推算方法和此方法较为接近；第二，将每平方米房屋的基年造价和当年造价相比，推算出建筑工程安装价格指数。本部分采用前一种推算方法，其中设备价格指数采用的是工业品出厂价格指数数据。本书采用第一种计算方法，其中设备价格指数以工业品出厂价格指数表示。$w_j(t)$ 为建筑安装工程费用占固定资产总值的比重，所占的权重 $w_s(t)$ 为设备费用在固定资产总值中所占的权重。具体的推算公式如下：

$$K_t = K_{t_0} + \sum_{t_0}^{t} \frac{\Delta k_t}{p_i(t)t}$$

式中，K_{t_0} 表示 1978 年的年末固定资产净值；Δk_t 为 t 年固定资产净值增加量，用相邻两年固定资产净值原值的差表示。由于 1981 年到 1984 年的年末固定资产净值数据无法获得，计算时 1985 年的固定资产净值增加量用 1985 年和 1980 年的固定资产净值原值之差表示，然后进行平减处理。

c. 工业部门中间投入

由于工业部门中间投入没有现成的统计数据，因此需要对其进行推算。本部分采用的推算不变价的工业部门的中间投入的计算公式如下：

$$m_i(t) = \frac{\left| gv_i(t) - nv_i(t) - dep_i(t) \right|}{p_{mi}(t)}$$

式中，$m_i(t)$，$gv_i(t)$，$nv_i(t)$，$dep_i(t)$ 分别表示按当年价计算的中间投入、总产值、净产值和折旧；总产值和净产值可直接得到数据，但折旧是没有现成数据的，因此需要对折旧进行估算：第一步，采用固定资产原价减去固定资产净值得到每年累计的折旧;第二步,由后向前递推得出当年的折旧。中间投入价格指数采用投入产出表所提供的消耗系数和各行业的出厂价格指数进行推算得出,计算公式如下:

$$p_{mi}(t) = \sum_{1}^{n} w_j p_j(t)$$

式中,w_j 为每生产一个单位产品 i 所消耗的投入 j,即直接消耗系数;$p_j(t)$ 为投入的出厂价格指数。

（2）数据来源

本书所使用的数据主要来自于《中国统计年鉴》《中国工业经济统计年鉴》和《新中国五十五年统计资料汇编》,由于数据来源均为官方统计,可信度较高。改革开放是我国经济的转折点,我国工业部门经济体制也发生了质的转变,本部分数据收集的年份为 1978—2007 年。

5.4.1.3　实证结果

根据以上确定的工业部门投入产出变量和收集的相应数据,运用经济增长因素分析方法,对 1978—2007 年我国工业部门的全要素生产率进行测算,步骤如下:

（1）确定工业生产要素的产出弹性

一定的生产技术水平下,一定数量的投入对应一定的产出,要素投入的增加是工业生产增长的主要来源。技术进步、制度变革会转变工业部门的生产方式,提高其生产效率,这不仅改变了工业部门生产的投入产出水平,各投入要素的产出弹性、产出贡献也由此发生改变。Cobb-Douglas(C-D)生产函数假定在跨时期的生产中生产要素的产出弹性是固定不变的。1978 年,我国开始实施经济体制改革,改革的影响作用逐步渗透到工业生产的各个部门。这次制度改革对我国工业生产方式的影响较为明显,是我国工业生产的重要转折点,因此本部分将利用上文中的工业生产函数,对 1978 年以后的工业部门生产要素产出弹性进行估计,估算结果见表 5-1。

表 5-1　我国工业生产函数估计结果(1978—2007 年)

变　量	系数	t 值	P 值
常数项	0.958***	3.97	0.001
劳动(α)	−0.759***	−17.21	0.000
固定资产(β)	1.187***	30.87	0.000
中间投入(γ)	0.359***	10.13	0.000
调整后的 R^2	0.999	F 值	9 676.25

注:＊＊＊、＊＊和＊分别表示在 1％、5％和 10％水平上显著。
数据来源:笔者计算所得。

从工业生产函数方程的回归结果看,R^2 为 99.9％,方程拟合程度很高。在工业生产函数中,代表资本的固定资产投资变量和中间投入变量都显著为正。我国是发展中国家,资本要素稀缺,在工业生产中密集使用劳动力,资本要素投入不足,资本投入的增加所带来的边际产出的增加是相当显著的;然而,在工业生产函数中,劳动力的变量却显著为负,这与我国的计划经济体制的存在有很大关系,在计划经济体制下,工业部门劳动力大量冗余,从工业部门生产效率分析,我国工业部门的劳动力早已饱和,到达劳动力饱和之后如果再增加劳动力,只会导致工业部门劳动力大量冗余,劳动效率下降,不利于工业部门生产的增长。由于工业部门效率低下,20 世纪 80 年代末 90 年代初,我国对工业企业进行经济体制改革,大量冗余劳动力被处理,产生大量下岗工人,所以劳动力变量为负的回归结果与我国的现实情况相符。我国工业部门生产中,代表资本的固定资产和中间投入依然在对产出的贡献中处于支配地位。我国工业生产仍然存在劳动力投入过多的现象,劳动对产出的贡献有待提高。

（2）确定要素投入的权重

在不同的生产方式下，各种生产要素对产出的贡献是不相同的。工业生产的增长越依赖于某种要素的投入，那么这种要素在单位产出条件下的投入量就越能反映这种生产方式的效率。所以对不同投入要素进行加总时所采用的权重是以各生产要素对产出增长的贡献为依据的。利用上部分计算出的劳动力、固定资产投资和中间投入变量的产出弹性确定这三种工业生产要素的权重，见表 5-2。

表 5-2　要素投入权重计算

年份	工业要素权重		
	γ^*	α^*	β^*
1978—2007	-0.964	1.508	0.456

数据来源：笔者计算所得。

根据式（5-3）及求出的要素投入权重，可以对工业全要素生产率进行估算：

$$TFP_t = \frac{Y_t}{(-0.964) \times L_t + 1.508 \times K_t + 0.456 \times N_t}, t \in [1978, 2007]$$

第 t 年间工业 TFP 的增长率为

$$TFP_t \text{ 增长率} = \left(\frac{TFP_t}{TFP_{t-1}} - 1\right) \times 100\%$$

为了研究的方便，书中给出的是 1978—2007 年我国工业 TFP 指数（$TFPI$）。这里令 1978 年的 $TFPI$ 为 100，则第 t 年的 $TFPI$ 为

$$TFPI_t = \frac{TFP_t}{TFP_{1978}} \times 100\%$$

图 5-13 和图 5-14 分别表示计算出的 1978—2007 年我国工业部总要素投入指数和全要素生产率指数及其增长率曲线。

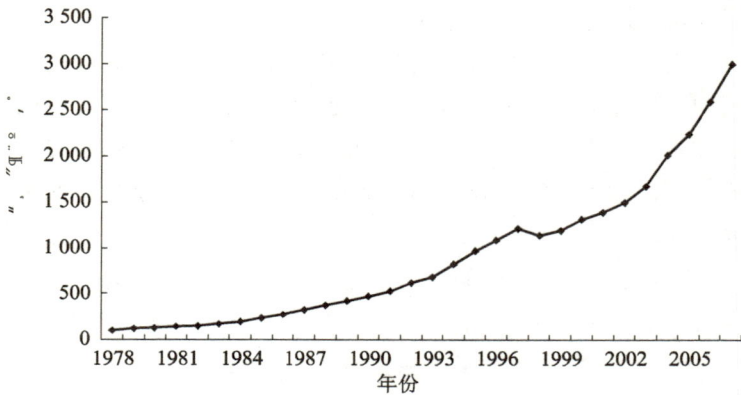

图 5-13　1978—2007 年我国工业部门总要素投入指数

注:我国 1978 年的工业部门要素总投入指数为 100。

数据来源:根据《中国统计年鉴》《中国工业经济统计年鉴》数据计算所得。

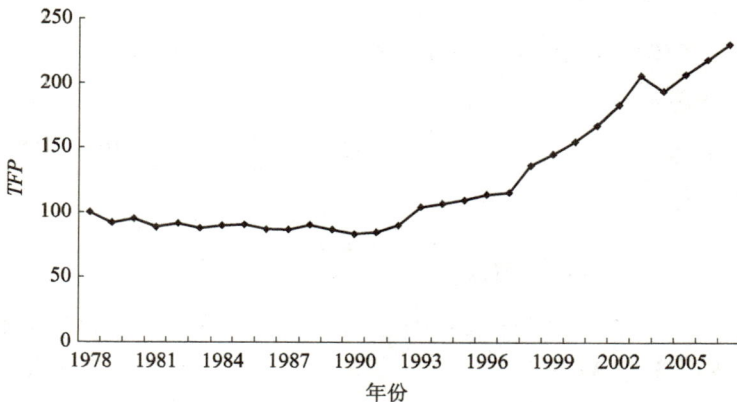

图 5-14　1978—2007 年我国工业部门全要素生产率

注:我国 1978 年的工业部门全要素生产率为 100。

数据来源:笔者计算所得。

从图 5-13 中可以看出,以 1978 年为基期,近 30 年来我国工业总要素投入呈持续上升趋势,增长平稳。

　　而图 5-14 表明,以 1978 年为基期,近 30 年来我国工业部门全要素生产率基本呈现上升趋势,年均增长率为 2.9％,但在 1992 年以前,工业部门的全要素生产率增长不明显,基本保持稳定;1992 年以后,工业部门的全要素生产率增长迅速,年均增长率为 6.5％。其中,2003 年我国工业部门的 TFP 出现了下降,这可能是由 2003 年左右开始的国际能源及原材料价格大幅度上涨导致的,工业生产需要依靠能源和原材料的投入,国际能源及原材料价格的上涨提高了工业生产的成本,降低了工业生产率。经过短期波动之后,2003—2007 年我国工业部门的 TFP 又呈现上升趋势。1992 年以后工业部门全要素生产率的快速增长是经济体制改革和贸易开放效应的体现。我国和发达国家存在明显技术差距,贸易开放使得国外的先进技术向我国工业部门溢出,促使我国工业部门全要素生产率增长。

5.4.2　贸易开放对工业部门技术进步的影响分析

　　自 20 世纪 80 年代新经济增长理论提出以来,技术进步作为经济增长的根本决定因素备受瞩目。科技研发(R&D)是技术进步的直接来源。从世界范围来看,大部分科技研发都发生在发达国家,然而技术进步不仅仅发生在发达国家,世界整体的技术进步使人们开始研究技术的溢出问题,国际贸易作为技术溢出的重要渠道,关于国际贸易与技术进步之间的关系成为大家关注的热点。

　　工业部门的技术进步一方面直接来源于工业部门的科技研发(R&D)活动,工业部门通过科研投入,开发新产品、新技术,促使工业部门技术进步。另一方面,国际贸易的技术溢出效应会间接促进工业部门的技术进步,进口贸易通过技术模仿效应也就是通常说的"干中学"及培训学习效应会对工业部门的技术进步产生正影响,而由于出口企业接受国外订单,国外的采购商会为出口企业提供必要的技术支持,出口企业可以从海外购买者,尤其是技术人员那里获取技术协助,由此,出口商通过出口贸易学习国外先进技术,获取国外科技研发的技术外溢。其次,出口企业进入出口市场,激烈的竞争促使出口企业学习、创新,提升生产率,提高技术水平。出口的学习效应的存在,使得出口贸易也会对工业部门的技术进步产生正的溢出。

5.4.2.1 模型设定与数据来源

根据上述分析,本部分设定贸易开放对工业部门技术进步影响的实证分析模型如下:

设定模型Ⅰ:

$$TFP_t = \alpha + \beta rd_t + \chi\, trade_t + \mu_t \qquad (Ⅰ)$$

式中,TFP 为我国工业部门的全要素生产率,表示工业部门的技术进步;rd 表示我国工业部门的科研投入经费,并以 1980 年为基期进行了价格调整,反映我国工业部门科研投入水平对工业部门技术进步的影响;$trade$ 为工业部门外贸依存度,用工业制成品进出口值占工业 GDP 比重表示,反映国际贸易对工业部门技术进步的影响。

为了进一步分析国际贸易中进口贸易和出口贸易两方面分别对工业部门技术进步的影响,设定模型Ⅱ:

$$TFP_t = \alpha + \beta rd_t + \phi ex_t + \delta im_t + \mu_t \qquad (Ⅱ)$$

式中,ex 为工业制成品出口占工业 GDP 比重;im 为工业制成品进口占工业 GDP 比重;μ 为误差项;t 为年份。

反映我国工业部门科研投入水平的 rd,由于对我国工业部门的科研活动进行直接资金投入,新产品、新技术的研发直接促进技术进步,估计会对我国工业部门的技术进步有正向影响,所以其系数 β 的估计值应为正。国际贸易、进口贸易和出口贸易是本部分关注的焦点,如果代表贸易依存度的变量的系数 χ 估计值为正,则说明对外贸易对工业部门技术进步的提高有正的影响;如果系数 χ 估计值为负,则说明对外贸易不利于工业部门技术进步的提高。如果代表出口贸易变量的系数 ϕ 和代表进口贸易变量的系数 δ 的估计值为正,则说明对外贸易、出口贸易和进口贸易对工业部门的技术有正的溢出效应;反之,则说明贸易的溢出效应不存在。

本书选取我国 1980—2007 年期间的相关数据,其中,TFP 数值是通过上部分的经济增长因素分析方法计算所得,并且以 1980 年为基期进行调整。其他变量数据来源为《中国统计年鉴》《新中国五十五年统计资料汇编》和《中国科技统计年鉴》。

5.4.2.2　实证结果

以上实证模型 Ⅰ 和模型 Ⅱ 的分析结果见表 5-3。

表 5-3　实证分析结果

TFP_t	模型 Ⅰ	模型 Ⅱ
常数项	0.688 (7.08)***	0.759 (7.11)***
rd	0.002 (4.97)***	0.001 (3.67)***
$trade$	0.472 (2.57)**	
ex		1.175 (2.29)**
im		0.398 (9.82)***
调整后的 R^2	0.87	0.876

注:***、** 和 * 分别表示在 1%,5%,10% 水平上显著;括号中为 t 值。

从表 5-3 的回归结果分析,两个模型的拟合度都较高,而且回归结果的方向具有较好的一致性,并且各变量在模型中都显著,反映我国工业部门科研投入水平的 rd 的系数在两个模型中都在 1% 的统计水平上高度显著,这与我们的预期相符,说明科研投入直接促进了我国工业部门的技术进步。

在模型 I 中,总体贸易变量系数为正,并在 5% 的水平上高度显著,反映了贸易对我国工业部门有正的技术溢出;而模型 II 中分别考察了进口贸易和出口贸易对工业部门技术进步的影响,从回归结果发现,两者的系数都显著为正。说明我国进口贸易存在技术模仿效应、培训学习效应,而出口贸易存在出口的学习效应,对工业部门的技术有正向溢出。而且,各贸易变量的系数都高于科研投入变量的系数。

从以上分析结果看,我国无论是进口还是出口,工业部门对外贸易存在正向技术溢出。而且,虽然工业部门的科研投入促进了技术进步,但其影响程度远远小于对外贸易的影响程度。我国工业部门的技术进步主要源于贸易开放,而工业部门的技术进步会增加我国熟练劳动力的相对需求,减少非熟练劳动力的相对需求。

5.5 本章小结

本章通过对我国贸易结构变化情况进行分析,得出以下结论:

① 按贸易方式,我国货物贸易分为一般贸易、加工贸易和其他贸易。我国的贸易方式以一般贸易和加工贸易为主,占总体贸易的 85% 以上。截至 2009 年,我国总体贸易还是以加工贸易为主要贸易方式,贸易特征是进口很大,同时出口也很大,这主要与我国参与国际分工还是处于附加值很低的生产环节,只是进行简单的组装、加工相关。

② 按商品构成,我国货物贸易分为初级产品贸易和工业制

成品贸易。我国贸易商品以工业制成品为主,1980—2007 年,初级产品贸易比重不断下降,工业制成品贸易比重持续增加。这反映了我国的工业化进程不断升级,顺应国际产业的转移,我国参与国际分工已经步入行业内部分工阶段。

③ 按产品的生产过程,我国货物贸易分为初级产品贸易、中间产品贸易和最终产品贸易。我国加工贸易的发展导致进口贸易中中间产品比重很大,出口贸易中最终产品比重大,而中间产品出口占总出口的比重相对较小。由于最终产品的要素禀赋并不能反映一国贸易结构,在分析贸易结构变化时要充分考虑中间产品的影响。产品内分工促使中间产品贸易迅速发展,一国中间产品的出口能较好地反映该国在产品价值链分工中所处的阶段。一国贸易结构的优化,实现价值链的攀升,参与附加值更多的分工环节将直接表现为该国出口中间产品的升级,所以,从产品内分工角度分析,一国中间产品的出口情况能更好地反映一国贸易结构的变化趋势。

由于我国与发达国家存在技术差距,基于我国低廉的劳动力成本和部分丰裕的生产资源,发达国家会将本国产品生产中的低技术生产环节外包给我国生产,向我国进口中间产品,而我国作为承包国,由于发达国家外包给我国的低技术环节高于我国的技术生产水平,我国对外贸易中中间产品贸易的比重上升,我国出口大量中间产品会导致我国非熟练劳动力相对需求上升,所以,由于产品内分工、国际生产环节的转移产生中间产品贸易会扩大我国异质劳动力的收入差异。在理论分析的基础上,本章从贸易技术溢出角度分析贸易开放对异质劳动力收入差异,即非熟练劳动力相对收入影响机制在我国的适应性。本章首先运用经济增长因素分析方法测算我国工业部门的全要素生产率,以此表示我国工业部门的技术进步,然后运用实证分析方法得出我国工业部门的对外贸易确实存在明显的、正向的技术溢出效应。我国中间产品贸易的发展通过技术溢出效应导致我国生产技术水平的提高，较高的技术水平会增加我国工业部门对熟练劳动力的相对需求，从而可能会扩大异质劳动力的收入差异。我国农民进入工业部门获取非农收入，然而非农就业劳动力是不同质的，贸易开放的收入分配效应可能会扩大我国农民的收入差异。

第 **6** 章　贸易开放对我国异质劳动力收入差异影响的实证分析

6.1　引言

　　我国经济迅猛发展的同时,收入不平等问题也越来越严重,我国的基尼系数已从 1980 年的 0.33 上升到 2004 年的 0.473,远远高于印度(0.362 2)、韩国(0.315 5)(亚洲开发银行 Asian Development Bank),早已超过 0.4 的国际警戒线。我国农民的非农收入也同样存在严重的不平等问题,第 3 章通过泰尔指数对我国农民非农收入差距进行测算和分解,结果表明我国农民非农收入地区间差异在缩小,但地区内收入差异却成扩大趋势,这可能源于我国农民非农收入差距除了体现在地区之间,更主要地还存在于异质劳动力,即熟练和非熟练劳动力报酬的巨大差异。我国农村剩余劳动力大部分转移到工业部门实现非农就业,但农村非农就业劳动力素质是不同质的,其收入存在差异。通过计算,我国工业部门熟练劳动力与非熟练劳动力的工资比值变化如图 6-1 所示。

　　从图 6-1 中可以看出,20 世纪 90 年代后期我国工业部门熟练劳动力和非熟练劳动力的工资还处于基本相当的水平,但到了 21 世纪初,这种趋势开始变化,熟练劳动力的相对报酬处于明显的上升态势,在 2004 年达到了非熟练劳动力报酬的两倍。

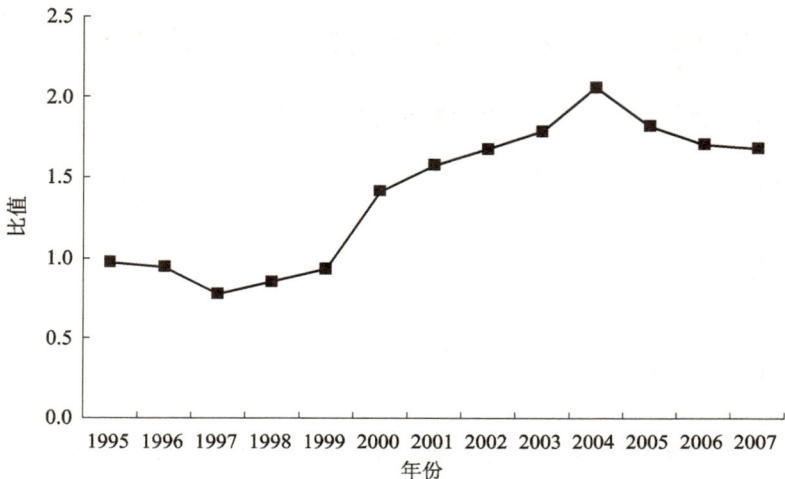

图 6-1　1995—2007 年熟练劳动力与非熟练劳动力的相对工资

数据来源:历年的《中国统计年鉴》《中国劳动统计年鉴》和《中国科技统计年鉴》。

但是,按照传统的赫克歇尔-俄林理论(H-O 贸易理论)和斯托尔珀-萨缪尔森定理(SS 定理),国际贸易会使一国丰裕要素的实际价格或报酬提高,稀缺要素的实际价格或报酬则会下降。那么,对于我国非熟练劳动力相对丰富的资源禀赋,贸易本应导致我国非熟练劳动力的相对工资上升、熟练劳动力的相对工资下降,从而缩小二者之间的工资差距。但在现实中,我国工业部门熟练劳动力与非熟练劳动力的工资差距呈扩大趋势,如何解释这一与传统贸易理论预期不符的现象?

从已有研究来看,对于我国熟练劳动力和非熟练劳动力工资差距扩大的现象,确实有研究注意到(Xu,Li,2008;喻美辞,2008),但未就其原因有更加深入的分析。而国外也有一些研究表明,贸易不仅会使发达国家属于相对丰裕要素的熟练劳动力的相对收入上升,也会导致某些发展中国家属于相对稀缺要素的熟练劳动力的相对收入上升(Feenstra,Hanson,1999;Beyer,1999)。造成这种与理论背离的原因有不同的解释,其中Feenstra 和 Hanson 等提出的从中间产品贸易角度出发的理论和分析思路,为解释我国熟练劳动力相对报酬随贸易开放呈上升态势提供了一个有益的分析框架。

所谓中间产品,是指经过一些制造或加工过程,但还没有达到最终产品阶段的产品,包括半成品和零部件产品。根据联合国 Broad Economic Catalogue(BEC)分类法,按照产品的生产过程或使用原则,商品可分为三大类,即初级产品、中间产品和最终产品。传统的贸易理论是以各国要素禀赋为基础的最终产品贸易为研究对象而得出的,并不考虑中间产品的可能性和特殊性。但随着经济全球化的深入和科技的发展,原来集中在一国的产品生产现在可以分解为不同生产阶段,在不同国家进行生产,在国际贸易中表现为中间产品贸易发展迅速。如果一国在某种产品的某个生产阶段具有比较优势,就能扩大本国中间产品的出口,中间产品的出口只与一国某种生产要素或某种生产能力相关。如发展中国家在发达国家生产产品的低技术生产阶段具有比较优势,发达国家即可从发展中国家进口本国处于低技术阶段生产的中间产品,但由于发展中国家与发达国家存在技术差距,发达国家低技术中间产品对于发展中国家而言则可能是国内的高技术中间产品,从而引发对发展中国家熟练劳动力的相对需求增加。另外,贸易开放后,特别是中间产品贸易使得发达国家的先进技术向我国溢出,分享发达国家的技术进步使得我国技术进步的上升,同样会增加我国熟练劳动力的相对需求。

随着改革开放的深入,我国的对外贸易得到快速增长,在我国的对外贸易中,中间产品贸易占总体贸易的比重在 20 世纪90 年代中期开始就超过了 50%,并在之后呈明显的上升趋势

（图 6-2），因此，验证贸易开放，特别是中间产品贸易对我国工业部门熟练劳动力和非熟练劳动力工资差距扩大的影响具有重要的理论探讨和实证意义。

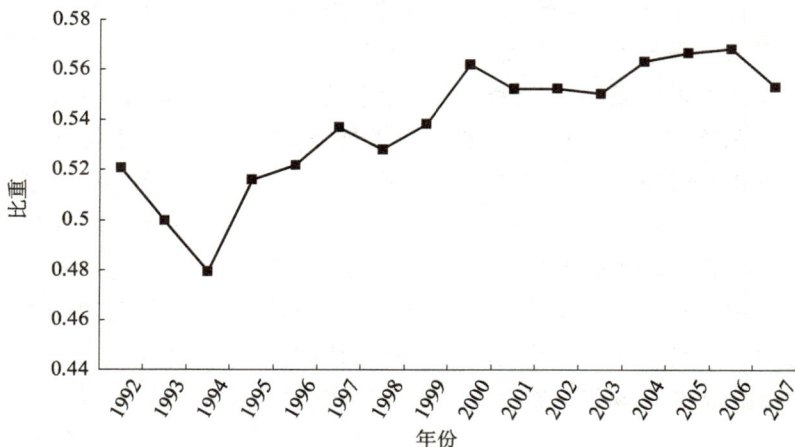

图 6-2　1992—2007 年中间产品贸易的比重

数据来源：历年的《中国统计年鉴》和联合国 COMTRADE 数据库。

本章将采用我国工业部门 31 个细分行业面板数据，实证分析中间产品贸易对我国工业部门熟练劳动力和非熟练劳动力工资差距的影响。

6.2　分析框架

根据传统的 H-O 贸易理论，发达国家熟练劳动力相对丰裕，而发展中国家的非熟练劳动力相对富裕，发达国家将生产并出口熟练劳动力密集型产品，而发展中国家将生产并出口非熟练劳动力密集型产品。那么，根据 SS 定理，商品密集使用的生产要素的实际价格或报酬会提高，而另一种生产要素的实际价格或报酬则会下降，所以，贸易会导致发达国家熟练劳动力的相对工资上升,工资差距会拉大;而发展中国家非熟练劳动力的相对工资会上升,工资差距会缩小。

现实中,正如传统贸易理论所预期的,美国、英国等发达国家的熟练劳动力的相对工资呈现上升趋势,大量实证检验(Wood,1997;Leamer,2000;Sachs,1994;Haskel,2001)表明,贸易确实是导致发达国家熟练劳动力与非熟练劳动力收入差距变大的主要原因之一。

发展中国家的对外贸易应该缩小国内的熟练与非熟练劳动力的收入差距,但现实情况却并非如此,贸易自由化后,智利、墨西哥、乌拉圭等发展中国家的熟练劳动力相对于非熟练劳动力的工资差距也呈上升趋势(Hanson,1999;Beyer,1999)。

由于传统贸易理论不能解释发达国家和发展中国家贸易双方熟练劳动力的相对工资同时上升的现象,Feenstra 和 Hanson等(1996)则从中间产品贸易角度出发分析贸易的收入分配效应,利用 Dormbusch,Fiseher,Samuelson 建立的连续型 H-O 模型(即 DFS 模型)来解释工资差距拉大的原因,该模型假定产品 Y 的生产可分解为一系列连续的中间产品生产阶段。各生产阶段按技术密集度从低到高排列,由于发达国家与发展中国家的要素禀赋不同,所以发达国家熟练劳动力与非熟练劳动力的工资比低于发展中国家,发达国家的资本报酬低于发展中国家。在要素价格确定的情况下,由于低技术生产阶段发展中国家的成本低于发达国家,因此,低技术阶段的中间产品将在发展中国家集中生产。而在高技术生产阶段,由于发达国家的成本低于发展中国家,因此,高技术阶段的中间产品将在发达国家生产。由此,发达国家和发展中国家之间就产生了中间产品贸易。

由于经济开放,资本可以在发达国家和发展中国家之间流动,又由于资本的逐利性使得一些资本会从发达国家流入发展中国家,发达国家资本存量的减少使得发达国家的资本报酬上升,发展中国家随着资本存量的增加,其资本报酬下降,由此导致两国的生产成本发生变化,使得两国生产阶段分工发生变化,表现为发达国家和发展中国家之间中间产品贸易的变化,发展中国家与发达国家的中间产品贸易将直接影响两国国内熟练劳动力的相对需求。

发达国家将本国低技术生产阶段转移到发展中国家,发达国家对非熟练劳动力的相对需求减少,对熟练劳动力的相对需求增加,导致发达国家熟练劳动力的相对工资上升。而发展中国家增加的中间产品的生产阶段对于发展中国家原来国内的生产技术要高,使得发展中国家熟练劳动力的相对需求增加,从而导致发展中国家熟练劳动力的相对工资上升。贸易开放后,特别是中间产品贸易使得发达国家的先进技术向我国溢出,而我国技术进步的上升,增加了我国熟练劳动力的相对需求,导致我国熟练劳动力的相对工资上升。

通过以上分析,中间产品贸易使得发达国家和发展中国家熟练劳动力的相对工资同时上升。Feenstra 和 Hanson(1999)采用美国 1972—1990 年制造业行业面板数据实证分析得出中间产品贸易的增长是导致美国熟练工人相对需求增长和相对工资上升的原因。Hsieh 和 Woo(2005)对香港制造业的研究也表明熟练劳动力工资比重的增长的 45%～60% 可由对中国大陆的外包来解释。

我国是世界上最大的发展中国家,贸易开放以来,工人绝对工资提高的同时,工业部门熟练劳动力与非熟练劳动力的工资差距也在扩大。但是,关于中间产品贸易对熟练劳动力相对工资的影响,Feenstra 等学者已有的研究框架和模型主要是以发达国家为研究对象,而对于发展中国家,实证研究并不多见。实际上,其分析框架虽然可以借鉴,但由于资源禀赋与发达国家情况相反,实证研究时的分析模型与发达国家情况也应有别。本书将以我国工业部门的贸易实践和从业劳动力工资变化状况为分析样本,借鉴中间产品贸易和工资差距的分析框架,建立适用于发展中国家实际资源禀赋特征的实证分析模型,并以我国工业部门行业数据进行实证分析和验证。

6.3　模型设定与数据处理

我国工业部门的对外贸易,特别是中间产品贸易会对熟练劳动力与非熟练劳动力的需求产生不同的影响,从而导致熟练劳动力与非熟练劳动力的收入差距发生变化,本书将从行业生产角度出发,根据生产和成本函数推导出实证分析模型,分析中间产品贸易对我国工业部门熟练劳动力和非熟练劳动力收入分配的影响。

6.3.1　模型设定

贸易开放通过产品市场对劳动力市场上熟练劳动力和非熟练劳动力的需求产生影响。我国是世界上最大的发展中国家,拥有大量非熟练劳动力,根据传统贸易理论,我国具有比较优势的非熟练劳动力密集型最终产品的出口会增加非熟练劳动力的需求,缩小熟练劳动力和非熟练劳动力的收入差距。而随着贸易的深入,中间产品贸易发展迅速,截至 2009 年,我国中间产品的出口源于发达国家将国内较低技术生产环节向我国进行了转移,但由于发达国家的低技术生产环节相对于我国技术而言仍属于高技术生产,所以,中间产品的出口会导致我国熟练劳动力相对需求的增加,其相对工资上升,扩大熟练劳动力和非熟练劳动力的收入差距,并且中间产品贸易对相对工资的影响可能要比最终产品贸易大得多(Feenstra,2003)。贸易开放对熟练和非熟练劳动力收入差距的影响是两种产品贸易影响效果的总和。

本书将采用行业生产函数与成本函数来估计影响熟练劳动力相对需求的因素（Feenstra，2003）。假设生产商品 n 需要三种生产要素：非熟练劳动力 L_n、熟练劳动力 H_n 和资本 K_n。生产函数为

$$Y_n = f(L_n, H_n, K_n, Z_n)$$

式中，Z_n 代表影响产量的外生的结构性变量。

成本函数为

$$C_n = C(w, q, K_n, Y_n, Z_n)$$

式中，w, q 分别代表熟练劳动力、非熟练劳动力的工资。本章假定资本存量和产出是确定的，企业为了使成本最小化在非熟练劳动力和熟练劳动力之间进行抉择，即

$$C_n = C(w, q, K_n, Y_n, Z_n) = \min_{L_n, H_n}(wL_n) + qH_n$$

成本函数形式采用超越对数成本函数：

$$\begin{aligned}
\ln C = & \alpha_0 + \alpha_1 \ln w + \alpha_2 \ln q + \beta_1 \ln K_n + \beta_2 \ln Y_n + \beta_3 \ln Z_n + \\
& \gamma_1 (\ln w)^2 + \gamma_2 (\ln q)^2 + \gamma_3 \ln w \ln q + \delta_1 (\ln K_n)^2 + \\
& \delta_2 (\ln Y_n)^2 + \delta_3 (\ln Z_n)^2 + \delta_4 \ln K_n \ln Y_n + \delta_5 \ln K_n \ln Z_n + \\
& \delta_6 \ln Y_n \ln Z_n + \phi_1 \ln w \ln K_n + \phi_2 \ln w \ln Y_n + \phi_3 \ln w \ln Z_n + \\
& \phi_4 \ln q \ln K_n + \phi_5 \ln q \ln Y_n + \phi_6 \ln q \ln Z_n \qquad (6\text{-}1)
\end{aligned}$$

通过对式（6-1）两边就 $\ln w$ 求导可得：

$$\frac{\partial \ln C}{\partial \ln w} = \gamma_1 \ln w + \gamma_3 \ln q + \phi_1 \ln K_n + \phi_2 \ln Y_n + \phi_3 \ln Z_n$$

由于

$$\frac{\partial \ln C}{\partial \ln w} = \frac{\partial C}{\partial w} \cdot \frac{w}{C}$$

所以，方程的左边为熟练劳动力工资占总成本的比重，用 S_{Hn} 表示，则

$$S_{Hn} = \frac{w_n H_n}{w_n H_n + q_n L_n}$$

　　它不仅反映了熟练劳动力的相对数量的变化,还反映了熟练劳动力相对工资的变化。由于我国熟练劳动力相对数量和相对工资的变化是同方向的,熟练劳动力相对工资的上升就意味着熟练劳动力工资占总成本的比重变大,所以,熟练劳动力工资占总成本的比重变化就反映了熟练劳动力与非熟练劳动力工资收入差距的变化。本章将采用行业面板数据进行分析,w 和 q 反映跨行业的工资差别,一般认为跨行业的工资差别往往是由各个行业所雇佣劳动力的质量不同引起的,高工资行业并不会减少对熟练劳动力的需求,基于此,可以将 w 和 q 项归入反映行业固定作用的常数项中:

$$S_{Hn} = \phi_0 + \phi_1 \ln K_n + \phi_2 \ln Y_n + \phi_3 \ln Z_n \qquad (6\text{-}2)$$

　　对式(6-2)通过一阶差分后,可得行业内熟练劳动力工资占总劳动成本的比重变化的回归方程为

$$\Delta S_{Hn} = \phi_0 + \phi_1 \Delta \ln K_n + \phi_2 \Delta \ln Y_n + \phi_3 \Delta \ln Z_n \qquad (6\text{-}3)$$

式中,变量 Z_n 包括贸易变量($Trade$)和技术进步变量(Tec)。

　　由于考虑到我国就业市场的动态和滞后影响,在式(6-3)右边加入对被解释变量的跨期影响,估计方程可以转换成为动态形式:

$$\Delta S_{Hnt} = \alpha_0 + \alpha_1 \Delta S_{Hnt-1} + \alpha_2 \Delta \ln K_{nt} + \alpha_3 \Delta \ln Y_{nt} + \alpha_4 \Delta Trade_{nt} + \alpha_5 \Delta Tec_{nt}$$

　　从理论上分析,中间产品贸易对熟练劳动力与非熟练劳动力收入差距的影响不同于最终产品贸易,并且中间产品贸易的影响作用可能大于最终产品贸易,因此,贸易总体开放的影响作用可能与中间产品贸易的影响作用一致,基于此,为了体现中间产品贸易对熟练劳动力与非熟练劳动力收入差距的影响的特殊性和重要性,本书将分别用中间产品贸易变量 $Trade_{inter}$ 与最终产品贸易变量 $Trade_{final}$(模型Ⅰ)、总体贸易变量 $Trade_{total}$(模型Ⅱ)、中间产品贸易占总贸易的比值变量 $Trade_{total}^{inter}$(模型Ⅲ)作为贸易变量进行回归。

模型 I，II，III 的右边包含了被解释变量的一阶滞后项 S_{Hnt-1}，是一个动态面板模型。如果采用普通最小二乘法或固定效应模型，由于内生性问题的存在会使得估计量是非一致性的。对于动态面板模型的处理可采用"一阶差分广义矩估计量（First-difference GMM）"（Arellano，Bond，1991），此方法采用一阶差分消除个体效应，采用水平变量的滞后项作为差分方程中内生变量的工具变量。然而，在一阶差分方程中，水平变量的滞后项往往都是弱工具变量，使得估计量可能存在严重的小样本偏误。因此，需要对 GMM 模型设定进行检验，GMM 估计一般不定义 R^2 和 F 统计量，但一阶差分 GMM 有一个重要的假设，水平方程 I，II，III 的干扰项不存在序列相关。由于差分后的干扰项必定存在一阶自相关，所以需要检验差分方程的残差是否存在二阶序列相关，若不存在二阶序列相关，则认为假设是合理的，在回归结果中，该二阶序列自相关检验用 AR(2) 统计量表示。另外，一阶差分 GMM 估计还需检验工具变量是否合理，是否存在过度识别情况，该检验采用 Sargan 统计量，若 Sargan 统计量不显著，则工具变量的设定是合理的。

基于上述分析，本书采用一阶差分 GMM 来估计动态面板模型 I，II，III，以克服个体异质性和内生性问题。由于劳动力市场存在滞后性，熟练劳动力当期的相对就业和工资会受前期的影响，预计 S_{Hnt-1} 的系数为正；由于技术进步，高技术的使用会增加熟练劳动力的相对需求，使其相对工资上升，预期 Tec 的系数为正；$Trade$ 变量是我们关注的变量，基于此前的分析，预期 $Trade_{inter}$ 的系数为正，预期 $Trade_{final}$ 的系数为负，由于中间产品贸易的影响作用可能较大，所以预期 $Trade_{total}$ 的系数为正，$Trade_{total}^{inter}$ 的系数为正。

6.3.2　数据处理

本书采用 1995—2007 年中国工业部门 31 个生产中间产品的细分行业的面板数据进行分析。该面板数据是平衡面板数据,样本数为 403。31 个工业细分行业包括:01 煤炭采选业、02 石油和天然气开采业、03 黑色金属矿采选业、04 有色金属矿采选业、05 非金属矿采选业、06 食品加工和制造业、07 纺织业、08 皮革毛皮羽绒及其制品业、09 木材加工及竹藤棕草制品业、10 家具制造业、11 造纸及纸制品业、12 印刷业记录媒介的复制、13 文教体育用品制造业、14 石油加工及炼焦业、15 化学原料及化学制品制造业、16 医药制造业、17 化学纤维制造业、18 橡胶制品业、19 塑料制品业、20 非金属矿物制品业、21 黑色金属冶炼及压延加工业、22 有色金属冶炼及压延加工业、23 金属制品业、24 普通机械制造业、25 专用设备制造业、26 交通运输设备制造业、27 电气机械及器材制造业、28 电子及通信设备制造业、29 仪器仪表及文化办公用机械、30 电力煤气及水生产供应业、31 煤气的生产和供应业。所有变量的数据均来源于各年的《中国统计年鉴》《中国劳动统计年鉴》《中国科技统计年鉴》和联合国 COMTRADE 数据库。

已有文献往往根据受教育程度高、低,或者专有技术人员、非技术人员来区分熟练劳动力和非熟练劳动力。我国的统计数据并没有各细分行业的按这两类定义的劳动力的工资数据,所以本书采用各细分行业从事科技活动人员的平均工资表示熟练劳动力的工资,剩下的从事非科技活动的工人的平均工资代替非熟练劳动力的工资。从事科技活动的工人的从业人数和工资数据来自于 1995—2007 年的《中国科技统计年鉴》,工业细分行业的从业人数和平均工资数据来自于 1995—2007 年的《中国劳动统计年鉴》。由此计算出熟练劳动力工资的比重(S_{Hn});Y 为中间产品产出值,并用工业品出厂价格指数进行了调整。中间产品产出值用各行业的产出值乘以中间产品产出占总产出的比重得到,其中中间产品产出占总产出的比重根据 1995 年、1997 年、2002 年、2007 年的投入产出表进行推算;K/Y 是由各行业固定资产净值与工业增加值的比值表示,相关数据来源于 1995—2007年的《中国统计年鉴》;技术进步变量(Tec)用各细分行业的 R&D 占工业增加值的比重来表示,数据来源于 1995—2007年的《中国科技统计年鉴》;中间产品贸易变量 $Trade_{inter}$ 用各细分行业的中间产品出口值与中间产品产出值的比重表示。联合国 BEC 分类是按照国际贸易商品的最终用途划分为资本品、中间产品和消费品三个基本货物门类,由于 BEC 分类与《国际贸易标准分类》(SITC)存在对应关系,因此,可以把按《国际贸易标准分类》(SITC)编制的贸易数据转换为《国民经济核算体系》(SNA)框架下各行业资本品、中间产品和消费品的贸易数据(盛斌,2008),见附表。本书各行业的中间产品出口数据就是依据 SNA,BEC,SITC 3.0 产品分类,由若干 SITC 的 5 位数中间产品组成,通过 COMTRADE 数据库集结汇总得到。最终产品贸易变量 $Trade_{final}$ 用各细分行业的最终产品出口值与最终产品产出值的比重表示,本书将中间产品以外的产品都作为最终产品处理。总体贸易变量 $Trade_{total}$ 用各细分行业的出口值与工业增加值的比重表示。中间产品贸易占总贸易的比值变量 $Trade_{total}^{inter}$(模型Ⅲ)用各细分行业的中间产品出口值与总出口值的比重表示。

6.4 实证结果

模型Ⅰ,Ⅱ,Ⅲ的一阶差分 GMM 估计结果见表 6-1。

表 6-1 实证分析结果

	模型 I	模型 II	模型 III
常数项	−0.236***	−0.361***	−0.336***
	(−4.64)	(−22.82)	(−19.11)
S_{Hnt-1}	0.549***	0.562***	0.564***
	(13.13)	(42.49)	(40.82)
$\ln Y$	0.006**	0.212***	0.022***
	(2.19)	(17.90)	(20.00)
$\ln(K/Y)$	0.014***	0.008***	0.011***
	(3.71)	(3.44)	(5.07)
$\ln Tec$	0.034***	0.030***	0.030***
	(5.3)	(14.12)	(14.43)
$\ln Trade_{total}$		0.021***	
		(12.37)	
$\ln Trade_{inter}$	0.020***		
	(5.2)		
$\ln Trade_{final}$	−0.015***		
	(−4.93)		
$\ln Trade_{total}^{inter}$			0.002***
			(3.09)
AR(2)P 值	0.31	0.213	0.202
Sargan $\chi^2_{(d)}$	13.382	28.717	28.851
Sargan P 值	0.99	1.00	1.00

注：***、** 和 * 分别表示在 1%、5% 和 10% 水平上显著；括号中为 t 值。

由模型 I，II，III 回归结果中的 AR(2) 的 P 值可知，在采用一阶差分 GMM 估计动态模型 I，II，III 时，均不存在二阶序列相关，而 Sargan 检验相关的两个统计量（Sargan$\chi^2_{(d)}$ 和 Sargan P 值）则进一步表明，我们选择的工具变量是合理的，不存在过度识别问题。

模型 I，II，III 的回归结果具有很好的一致性，S_{Hnt-1} 的回归系数都显著为正,与预期相符,说明熟练劳动力的相对需求会受到前期的影响,存在着就业趋势与需求惯性。工业各细分行业的中间产品产出、资本产出比对相对工资差距都具有显著的正影响。

模型 I 对中间产品贸易和最终产品贸易的回归结果看,中间产品贸易系数为正,中间产品贸易对熟练劳动力的相对工资收入具有显著的正向影响,而最终产品贸易系数为负,最终产品贸易对熟练劳动力的相对工资收入具有显著的负向影响,这与理论预期一致。我国的最终产品贸易具有缩小熟练劳动力和非熟练劳动力工资差距的作用,而中间产品贸易却会扩大熟练劳动力和非熟练劳动力工资差距。并且从系数上看,中间产品贸易的影响作用要大于最终产品贸易,这一点在模型 II 对贸易总体的回归结果中得到了验证,由于中间产品贸易相对较大的正向影响使得总体贸易的开放对工业行业熟练劳动力的相对工资收入具有正向影响,贸易总体的开放会扩大熟练劳动力和非熟练劳动力工资差距,并且通过模型 III 的回归结果分析,中间产品贸易占总体贸易比重的增加会显著扩大熟练劳动力和非熟练劳动力的工资差距。

6.5　本章小结

我国贸易开放包括最终产品贸易和中间产品贸易,相对于最终产品贸易对熟练劳动力和非熟练劳动力工资差距的缩小作用,由于我国承接发达国家的生产环节的技术可能比我国先前的生产技术水平高,中间产品贸易的发展会增加国内熟练劳动力的相对需求,导致熟练劳动力的相对工资上升,从而加大两者的收入差距。本章基于我国工业 31 个细分行业的实证分析表明,最终产品贸易对熟练劳动力的相对工资收入具有显著的负向影响,而中间产品贸易对工业行业熟练劳动力的相对工资收入具有正向影响,并且统计上显著。而且,由于中间产品贸易影响作用大于最终产品贸易,使得我国贸易的全面开放总体上会拉大熟练劳动力和非熟练劳动力的工资差距。并且随着我国中间产品贸易的发展,中间产品贸易占总体贸易比重的增加会加剧熟练劳动力和非熟练劳动力工资差距的扩大,不利于我国农民非农收入差距的缩小。

农民收入差距的扩大不利于社会的稳定和发展。通过分析发现,中间产品贸易正在加剧熟练劳动力和非熟练劳动力的工资差距,随着全球贸易自由化的深入,中间产品贸易在我国贸易中的比重逐步上升,因此,中间产品贸易的这种收入分配效应应引起关注。要缩小农民收入差距,政府和企业要注重对农村劳动力人力资本的投入,提高劳动力的教育和技能水平,使熟练劳动力的供给数量增加,同时劳动力整体素质的提高也更有利于我国吸收发达国家转移的生产环节的技术溢出,有利于我国产业结构的升级与技术进步。

总之,为顺应对外贸易的发展趋势,我国应加紧农村高素质劳动力的培养,这样既有利于收入分配趋于平衡,也有利于我国产业结构升级与发展,经济形成良性循环。

第 7 章　结论与建议

7.1　结　论

中国改革开放三十多年来,非农收入已成为我国农民收入来源中的重要组成部分。贸易开放对农业产生冲击,影响农民农业生产性收入增加的同时,也使得我国劳动力丰富的比较优势得以体现,非农部门对劳动力需求增加,大量农村劳动力向非农部门转移,实现非农就业,获取非农收入,所以贸易开放可能有利于农民非农收入的提高,有利于地区差异的缩小。然而,虽然贸易开放后,农民非农收入的增长使农民收入大幅度提高,可是我国农民收入差距却呈扩大趋势,农民非农收入的增长并没有缩小农村居民之间的收入差距,这可能是由于劳动力是异质的,虽然同在非农部门就业,可是农村非农就业劳动力素质是不同的。贸易开放后,非熟练劳动力需求上升的同时,可能导致非熟练劳动力相对于熟练劳动力的需求下降、非熟练劳动力的相对工资下降,因此,贸易开放有可能会扩大农村异质劳动力之间工资性收入的差距,从而扩大农村居民收入差距。

本书从就业市场对劳动力需求角度出发,分析贸易开放对我国农民非农收入的影响。基于上述研究问题,本书通过分析得出以下结论。

7.1.1　结论一

通过泰尔指数对我国 1985—2007 年的农民非农收入的地

区差异进行测算和分解,表明我国农民非农收入的泰尔指数自
1985 年到 1996 年呈上升趋势,1996 年之后我国农民非农收入
的泰尔指数不稳定,总体差异上下波动。东、中、西部地区内差
异自 1985 年以来总体呈上升趋势,而东、中、西部地区间差异自
1985 年到 1992 年在扩大,1992 年贸易全面开放以后,东、中、西
部地区间差异呈下降趋势。在我国农民非农收入总体差异的构
成中,地区间收入差异(东部、中部和西部之间的差异)始终是影
响总体差异的决定因素。但东、中、西部地区间收入差异的贡献
率自 1985 年以来却在不断下降,东、中、西部地区内收入差异的
贡献率却持续上升。

7.1.2　结论二

1978 年改革开放以来,我国的对外贸易发展迅速,贸易规
模持续扩大,在一定程度上,我国的外向型经济已经基本确立。
伴随着经济的增长、改革开放的深入,虽然我国农民非农就业转
移是不平稳的,但非农就业的规模呈扩大趋势,我国农民非农收
入呈逐年上升趋势,随着农民非农收入的增长,相对于农业生产
性收入比重的下降,非农收入在农民总收入中的比重逐年上升,
农民非农收入已经是农村居民收入的重要组成部分。本书利用
1985—2007 年期间的相关数据,就贸易开放对农民非农收入的
影响作用进行实证分析,研究表明改革开放以来,我国农民的非
农收入呈整体上升趋势,而贸易开放对农民非农收入的增加具
有推动作用。同时,进一步分析贸易开放对农民非农收入增长
及其收敛的影响,利用 1985—2007 年相关数据,通过两种参数
检验均表明 1992 年贸易全面开放后,全国、东中部、东西部地区
农民非农收入都存在收敛行为。全国范围内农民非农收入的差
距在缩小,其中东部和中部、东部和西部地区农民非农收入差距
都在变小。考虑贸易开放因素后,全国、东中部、东西部地区农
民非农收入收敛速度显著提高,对外开放是全国、东中部和东西

部地区农民非农收入差距缩小的重要因素。

我国对外贸易基本以劳动密集型产品出口为主,贸易开放遵循我国劳动力丰富的比较优势,劳动密集型产业的发展吸纳大量农村初级劳动力,贸易开放有利于我国农民非农收入的增长,而我国中西部地区初级劳动力相对丰富,更容易分享贸易开放带来的好处。虽然我国农民非农收入存在明显的地区差异,但贸易开放对地区间的非农收入收敛有正向影响,有利于缩小非农收入的差距。由于我国农业劳动力丰富,解决农民增收问题已经不可能仅仅在农业内部解决,要维持农民的增收,就要提高农民的非农收入,使农民更多地参与到贸易开放中。

7.1.3 结论三

本书理论分析了贸易开放对异质劳动力收入差异产生影响的机制,由于我国与发达国家存在技术差距,基于我国低廉的劳动力成本和部分丰裕的生产资源,发达国家会将本国产品生产中的低技术生产环节外包给我国生产,向我国进口中间产品,而我国作为承包国,由于发达国家外包给我国的低技术环节高于我国的技术生产水平,我国出口大量中间产品会导致我国熟练劳动力相对需求上升,所以,由于产品内分工、国际生产环节的转移产生的中间产品贸易会扩大我国异质劳动力的收入差异。在理论分析的基础上,本书从贸易技术溢出角度分析贸易开放对异质劳动力收入差异,即非熟练劳动力相对收入影响机制在我国的适应性。本书首先运用经济增长因素分析方法测算我国工业部门的全要素生产率,以此表示我国工业部门的技术进步,然后运用实证分析方法得出我国工业部门的对外贸易确实存在明显的、正向的技术溢出效应。我国中间产品贸易的发展通过技术溢出效应导致我国生产技术水平的提高,较高的技术水平会增加我国工业部门对熟练劳动力的相对需求,从而可能会扩大异质劳动力的收入差异。

7.1.4　结论四

我国贸易开放包括最终产品贸易和中间产品贸易,相对于最终产品贸易对熟练劳动力和非熟练劳动力工资差距的缩小作用,由于我国承接发达国家的生产环节的技术可能比我国先前的生产技术水平高,中间产品贸易的发展会增加国内熟练劳动力的相对需求,导致熟练劳动力的相对工资上升,从而拉大两者的收入差距。

本书基于我国工业 1995—2007 年 31 个细分行业的相关数据的实证分析表明,最终产品贸易对熟练劳动力的相对工资收入具有显著的负向影响,而中间产品贸易对工业行业熟练劳动力的相对工资收入具有正向影响,并且统计上显著。由于中间产品贸易影响作用大于最终产品贸易,我国贸易的全面开放总体上会拉大熟练劳动力和非熟练劳动力的工资差距。并且随着我国中间产品贸易的发展,中间产品贸易占总体贸易比重的增加会加剧熟练劳动力和非熟练劳动力工资差距的扩大。

通过分析发现,中间产品贸易正在加剧熟练劳动力和非熟练劳动力的工资差距,随着全球贸易自由化的深入,中间产品贸易在我国贸易中的比重逐步上升,因此,中间产品贸易的这种收入分配效应应引起关注。由于我国农村非农就业劳动力存在明显的异质性,中间产品贸易的这种收入分配会扩大我国农民非农收入差异,不利于农民收入差距的缩小。

7.2　政策建议

根据上述结论,贸易开放会提升农村劳动力非农就业潜力,有利于农民非农收入的提高,并会缩小农民非农收入地区之间的差距。然而贸易开放对非熟练劳动力和熟练劳动力的就业产生了不同的影响,工业部门贸易开放加剧了我国熟练劳动力和

非熟练劳动力的工资差距,不利于我国农民非农收入差距的缩小。为了增加农民收入,提高农民福利,本书给出以下几点政策建议:

① 积极参与国际分工,扩大贸易开放,顺应经济全球化趋势。贸易开放的进一步加深有利于我国农村劳动力总体就业水平的提高,缓解国内就业压力;有利于农民非农收入的增加,缩小地区差异,提高农民福利。

② 加强对农村劳动力人力资本的投资。根据本书的数据统计,熟练劳动力的平均工资几乎是非熟练劳动力平均工资的两倍。贸易开放虽然有利于我国农村劳动力的总体就业水平的提高,但是会扩大异质劳动力,即熟练劳动力和非熟练劳动力之间的工资差距,从而扩大农民非农收入的差距。农民收入差距的扩大不利于社会的稳定和发展。要缩小农民收入差距,提高农村劳动力的素质是关键和重点。政府要注重对农村劳动力人力资本的投入,加大农村地区的教育投入,对农村劳动力进行劳动技能培训,提高其技能水平。

总之,为顺应对外贸易的发展趋势,我国应加紧农村高素质劳动力的培养,这样既有利于收入分配趋于平衡,也有利于我国产业结构升级与发展,经济形成良性循环。

参考文献

［1］Anderton B，Brenton P. Outsourcing and Low-Skilled Workers in the UK ［J］. Bulletin of Economic Research. 1999(4)：267 - 285.

［2］Arellano M，Bond S. Some Tests of Specification for Panel Data：Monte Carlo Evidence and an Application to Employment Equations［J］. Review of Economic Studies，1991,58(2)：277 - 297.

［3］Bourguignon F，Morrisson C. Income Distribution, Development and Foreign Trade ［J］. European Economic Review，1990(34)：1113 - 1132.

［4］Asian Development Bank［EB/OL］. ［2009 - 10 - 02］. www. adb. org/Documents/Translations/Chinese/highlightsinequality-asia-cn. pdf.

［5］Berman E，Bound J，Griliches Z. Changes in the Demand for Skilled Labor within U. S. Manufacturing：Evidence from the Annual Survey of Manufactures ［J］. Quarterly Journal of Economics，1994,109(2)：367 - 397.

［6］Berman E，Bound J，Machin S. Implications of Skill-Biased Techno-logical Change：International Evidence ［J］. Quarterly Journal of Economics, 1998, 113 (4)：1245 -1279.

［7］Beyer H，Rojas P，Vergara R. Trade Liberalization and

Wage Inequality[J]. Journal of Development Economics, 1999, 59(1):103 - 123.

[8] Bhagwati, Jagdish, Marvin H. Kosters. Trade and Wages: Leveling Wages Down? [M] Washington, D. C. : American Enterprise Institute, 1994.

[9] Xu B, Li W. Trade, Technology, and China's Rising Skill Demand [J]. Economics of Transition, 2008,16(1):59 - 84.

[10] Bourguignon F, Morrison C. Income Distribution, Development and Foreign Trade [J]. European Economic Review, 1989,34(6): 1113 - 1132.

[11] Dollar D. Globalization, Poverty and Inequality since 1980 [C]. World Bank Policy Research Working Paper,2004.

[12] Feenstra R C. Advanced International Trade: Theory and Evidence[M]. Princeton University Press,2003.

[13] Feenstra R C, Hanson G H. Globalization,Outsourcing, and Wage Inequality [J]. Social Science Electronic Publishing, 1996, 86(2):240 - 245.

[14] Feenstra R C, Hanson G H. Productivity Measurement and the Impact of Trade and Technology on Wages: Estimates for the U. S. ,1972—1990 [J]. NBER Working Paper 6052,1997,6.

[15] Fishcher R D. Evolution of inequality after trade liberalization [J]. Journal of Development Economics, 2001,66(2):555 - 579.

[16] Richard F, Katz L F. Rising Wage Inequality: The United States vs. Other Advanced Countries [J]. Working Under Different Rules, New York: Russell Sage Foundation, 1994.

[17] Furusaway T, Laiz E L C. Adjustment Costs and Gradual Trade Liberalization [J]. Journal of International Economics, 1999,49(2):333 – 361.

[18] Gaston N, Trefler D. Protection, Trade and Wages: Evidence from U. S. Manufacturing [J]. Industrial and Labour Relations Review, 1994,47(4):574 – 593.

[19] Goldberg P, Pavcnik N. Trade, Wages and the Political Economy of Trade Protection: Evidence from the Colombian Trade Reforms [J]. Journal of International Economics, 2005,66(1):75 – 105.

[20] Grossman, Gene M, Elhanan Helpman. Innovation and Growth in the Global Economy[M]. Cambridge: MIT Press,1991.

[21] Grossman G M, Rossi-Hansberg E. Trading Tasks: A Simple Theory of offshoring [J]. American Economic Review, 2008,98(5):1978 – 1997.

[22] Hanson G H, Harrison A E. Trade, Technology, and Wage Inequality [J]. Industrial and Labor Relations Review, 1999,52(2) :271 – 288.

[23] Haskel J, Slaughter M J. Trade Technology and U. K. Wage Inequality [J]. Economic Journal 2001,111(468): 163 – 187.

[24] Hsieh C T, Keong T W. The Impact of Outsourcing to China on Hongkong's Labor Market [J]. American Economic Review, 2005,95(5):1673 – 1687.

[25] Huang J. Trade Liberalization and China's Food Economy in the 21st Century: Implications to China's National Food Security[M]. UK: CABI Publishing,2002.

[26] Karp L，Paul T. Labor Adjustment and Gradual Reform： When is Commitment Important? [J]. Journal of International Economics，1998，46(2)：333－362.

[27] Katz L F，Autor D. Changes in the Wage Structure and Earnings Inequality[J]. Elsevier，1999，3(99)：1463－1555.

[28] Katz L F，Murphy K M. Changes in Relative Wages，1963—1987：Supply and Demand Factors [J]. Quarterly Journal of Economics，1992，107(1)：35－78.

[29] Krugman P，Cooper R N，Srinivasan T N. Growing World Trade：Causes and Consequences [J]. Brooking Paper on Economic Activity，1995，1995(1)：327－362.

[30] Krugman P R. Technology，Trade and Factor Prices [J]. Journal of International Economics，2000，50(1)：51－72.

[31] Lawrence R Z，Matthew Slaughter M J，Hall R E，et al. International Trade and American Wages in the 1980s：Giant Sucking Sound or Small Hiccup? [J]. Brookings Papers on Economic Activity：Microeconomics，1993，1993(2)：161－226.

[32] Leamer E E. In Search of Stolper-Samuelson Linkages between International Trade and Lower Wages [M]. Washington D. C. The Brookings Press，1998.

[33] Leamer E E. What's the Use of Factor Contents? [J]. Journal of International Economics，2000，50(1)：17－49.

[34] Mankiw N G，Romer D，Weil D N. A Contribution to the Empirics of Economic Growth[J]. Quarter Journal of Economics，1992，107(1)：407－437.

[35] O'Rourke K H. Globalization and Inequality：Historical Trends [C]. Annual World Bank Conference on

Development Economics, 2001:1 - 2.

[36] Panagariya A. Evaluating the Factor-Content Approach to Measuring the Effect of Trade on Wage Inequality? [J]. Journal of International Economics, 2000, 50 (1): 91 -116.

[37] Pavcnik N, Blom A, Goldberg P, et al. Trade liberalization and Industry Wage Structure: Evidence form Brazil [J]. World Bank Economic Review, 2004,18 (3):319 - 344.

[38] Sachs J D, Shatz H J, Deardorff A, et al. Trade and Jobs in U. S. Manufacturing [J]. Brookings Papers on Economic Activity, 1994,1994(1):1 - 84.

[39] Silva J A, Leichenko R M. Regional Income Inequality and International Trade [J]. Economic Geography, 2004,80(3): 261 - 286.

[40] Spilimbergo A, Londono J L, Székely M. Income Distribution, Factor Endowments, and Trade Openness [J]. Journal of Development Economics, 1999 (59): 77 -101.

[41] Wood A. How Trade Hurt Unskilled Workers [J]. Journal of Economic Perspectives, 1995,9(3):57 - 80.

[42] Wood A. Openness and Wage Inequality in Developing Countries: The Latin American Challenge to East Asian Conventional Wisdom [J]. World Bank Economic Review, 1997,11(1):33 - 57.

[43] Wood A, Ridao-Cano C. Skill Trade and International Inequality [J]. Oxford Economic Papers, 1999,51(51): 89 - 119.

［44］Zhang X G. China's Trade Pattern and International Comparative Advantage［M］. MacMillan Press Ltd，2000.

［45］蔡昉.农村剩余劳动力流动的制度性障碍分析——解释流动与差距同时扩大的悖论［J］.经济学动态，2005（1）：35 -39.

［46］常运诚.发展劳动密集型产业　确保农民增收［J］.农业经济问题，2002，23（11）：6 - 9.

［47］程国强.中国农产品出口：增长、结构与贡献［J］.管理世界，2004（11）：85 - 96.

［48］程国强.WTO 农业规则与中国发展［M］.中国经济出版社，2001.

［49］程国强.外国农产品会大举登陆吗［J］.瞭望新闻周刊，1999（50）：10 - 12.

［50］程国强.WTO 框架下的中国农业［J］.世界农业，2000（5）.

［51］程国强，刘合光.多哈农业谈判：取消出口补贴的影响分析［J］.管理世界（月刊），2006（7）：61 - 67.

［52］陈怡.国际贸易对我国行业间收入分配的影响——基于制造业面板数据的实证分析［J］.国际贸易问题，2009（4）：3 -10.

［53］大卫·格林纳韦.国际贸易前沿问题［M］.冯雷译.中国税务出版社，2000.

［54］戴枫.贸易自由化与收入不平等：基于中国的经验研究［J］.世界经济研究，2005（10）：39 - 46.

［55］范爱军，刘伟华.出口贸易对我国三次产业劳动力流向的影响分析［J］.世界经济研究，2008（5）：20 - 24.

［56］干春晖，郑若谷.中国工业生产绩效：1998—2007——基于细分行业的推广随机前沿生产函数的分析［J］.财经研究，2009（6）：97 - 108.

[57] 国家发展改革委宏观经济研究院课题组.解决"十一五"时期我国粮食安全和"三农"问题的途径[J].宏观经济研究,2005(10):22-28.

[58] 国家统计局课题组.城镇居民收入差距"差"在哪里[J].中国统计,2006(5):17-18.

[59] 郭占庆.加入世界贸易组织对我国农民收入的影响及其对策[J].农业经济问题,2002(6):30-33.

[60] 何璋,覃东海.开放程度与收入分配不平等问题[J].世界经济研究,2003(2):38-43.

[61] 胡迎春,余佶.从发展中国家的角度看农产品贸易自由化的主要问题——兼评菲律宾农业贸易自由化的负面影响[J].黑龙江对外经贸,2003(3):4-7.

[62] 黄季焜.对农民收入增长问题的一些思考[J].经济理论与经济管理,2000(1):56-61.

[63] 黄季焜,Scott Rozelle,解玉平,等.从农产品价格保护程度和市场整合程度看入世对中国农业的影响[J].管理世界,2002(9):84-94.

[64] 黄季焜,胡瑞法,Scott Rozelle.中国农业科研投资:挑战与展望[M].中国财政经济出版社,2003.

[65] 黄季焜,李宁辉,陈春来.贸易自由化与中国农业:是挑战还是机遇[J].农业经济问题,1999(8):2-7.

[66] 黄季焜,徐志刚,李宁辉,等.贸易自由化与中国的农业、贫困和公平[J].农业经济问题,2005(7):9-16.

[67] 黄季焜.重新认识入世对中国农业的影响[J].产业经济学研究,2002(1):34-39.

[68] 李胜文,李大胜.中国工业全要素生产率的波动:1986—2005——基于细分行业的三投入随机前沿生产函数分析[J].数量经济技术经济研究,2008(5):43-54.

[69] 李晓宁. 工资地区差距的测算与分解[J]. 统计与决策，2007(8)：132-134.

[70] 李小平, 朱钟棣. 国际贸易的技术溢出门槛效应——基于中国各地区面板数据的分析[J]. 统计研究，2004(10)：27-32.

[71] 林毅夫. 制度、技术与中国农业发展[M]. 上海三联书店，1994.

[72] 林毅夫, 蔡昉, 李周. 中国的奇迹：发展战略与经济改革[M]. 上海三联书店，1998.

[73] 林毅夫, 刘明兴. 中国的经济增长收敛与收入分配[J]. 世界经济，2003(8)：3-13.

[74] 林毅夫, 胡书东. 加入世界贸易组织：挑战与机遇[J]. 国际经济评论，2000(3)：5-9.

[75] 林毅夫. WTO、两岸经济发展和农业合作[R]. 两岸农业交流学术会议，2000.

[76] 刘安萍. 农民增收与农村劳动力非农就业[J]. 统计与决策，2006(11)：126-128.

[77] 刘艳萍. 长三角地区制造业行业全要素生产率增长的度量与比较[J]. 当代财经，2009(9)：88-92.

[78] 刘志迎, 叶蓁. 中国高技术产业各行业技术效率的实证分析——基于非参数的 malmquist 指数方法[J]. 科技政策与管理，2006(9)：22-27.

[79] 毛雪峰, 刘晓昀. 贸易自由化对贫困农户劳动力非农就业的影响[J]. 中国农村观察，2005(2)：45-50.

[80] 李石新, 邹新月, 郭新华. 贸易自由化与中国农村贫困的减少[J]. 中国软科学，2005(10)：51-57.

[81] 鲁晓东. 我国对外开放与收入差距：基于地区和行业的考察[J]. 世界经济研究，2007(8)：3-10.

[82] 马晓河.WTO 对中国农业生产和贸易意味什么[J].瞭望新闻周刊,1999(32).

[83] 马晓河.加入 WTO 对我国农业的影响分析[J].中国财政,2001(12):14-17.

[84] 潘士远.贸易自由化、有偏的学习效应与发展中国家的工资差异[J].经济研究,2007(6):98-105.

[85] 冉浩.农产品贸易自由化对我国农业的影响及对策[J].合肥工业大学学报(社会科学版),2002(2):88-91.

[86] 任艳玲,原鹏飞.中国工业生产率水平与变迁——基于DEA 模型的实证研究[J].统计与决策,2006(2):66-69.

[87] 盛斌.中间产品贸易对中国劳动力需求变化的影响:基于工业部门动态面板数据的分析[J].世界经济,2008(3):12-20.

[88] 沈能,刘凤朝,赵建强.中国地区工业技术效率差异及其变动趋势分析——基于 malmquist 生产率指数[J].科研管理,2007(7):16-22.

[89] 苏群,周春芳,高珊.人力资本对非农就业及其收入影响的实证研究——苏南、苏中、苏北的比较研究[J].农村经济,2007(5):46-48.

[90] 孙晓明,刘晓昀,刘秀梅.中国农村劳动力非农就业[M].中国农业出版社,2005.

[91] 陶应虎.农村居民收入区域差异及其影响因素研究——以江苏省为例[M].清华大学出版社,2009.

[92] 涂正革,肖耿.中国的工业生产力革命——用随机前沿生产模型对中国大中型工业企业全要素生产率增长的分解及分析[J].经济研究,2005(3):4-15.

[93] 万广华,张藕香,Mahvash Saeed Qureshhi.全球化与国家间的收入差距:来自 81 个国家面板数据的实证分析[J].

世界经济文汇,2008(2):28－44.

[94] 万兴,范金,胡汉辉.江苏制造业 TFP 增长、技术进步及效率变动分析——基于 SFA 和 DEA 方法的比较[J].系统管理学报,2007(10):465－471.

[95] 王传荣,安吉奎.国际贸易影响就业的路径分析[J].山东财政学院学报,2006(4):40－43.

[96] 王少瑾.对外开放与中国的收入不平等:基于面板数据的实证研究[J].世界经济研究,2007(4):16－20.

[97] 王争,郑京海,史晋川.中国地区工业生产绩效:结构差异、制度冲击及动态表现[J].经济研究,2006(11):48－59.

[98] 文娟,孙楚仁.贸易与中国收入不平等的计量检验[J].财贸研究,2009(1):47－54.

[99] 肖艳芬,陈风波.农户非农收入的影响因素:对江汉平原 5 县市的考察[J].人口与经济,2005(4):42－46.

[100] 新华社.中国人口与发展的历史与现状[EB/OL].2002－12[2009－06].http://www.cpirc.org.cn/pop-status.htm.

[101] 徐景峰.入世对中国农业的影响[J].世界经济研究,2000(4):10－14.

[102] 徐水安.贸易自由化与中国收入分配的演变[J].世界经济文汇,2003(4):44－54.

[103] 严兵.效率增进、技术进步与全要素生产率增长——制造业内外资企业生产率比较[J].数量经济技术经济研究,2008(11):16－27.

[104] 杨建清.贸易自由化对就业的影响[J].统计与决策,2003(10):61－62.

[105] 杨素梅.农民收入问题研究综述[J].农业经济,2005(2):22－23.

[106] 杨玉华.对外贸易对我国就业影响的实证分析[J].信阳师范学院学报,2006(6):80-83.

[107] 杨玉华.工业品贸易对工业就业影响的实证分析[J].财贸研究,2006(6):36-42.

[108] 姚树洁,Chun Kwok Lei,冯根福.中国大陆、香港和澳门地区的收入收敛性[J].经济研究,2008(10):85-92.

[109] 姚洋.非国有经济成分对我国工业企业技术效率的影响[J].经济研究,1998(12):29-35.

[110] 姚洋,章奇.中国工业企业技术效率分析[J].经济研究,2001(10):13-28.

[111] 俞会新.贸易自由化对就业和收入分配的影响[M].中国财政经济出版社,2003.

[112] 俞会新,薛敬孝.中国贸易自由化对工业就业的影响[J].世界经济,2002(10):10-13.

[113] 喻美辞.国际贸易、技术进步对相对工资差距的影响——基于我国制造业数据的实证分析[J].国际贸易问题,2008(4):9-15.

[114] 张冬平,刘旗.农产品市场波动对农民收入影响的量化分析[J].农业经济问题,2002(6):34-37.

[115] 张蕙杰.加入WTO对我国粮食主产区农民收入的影响[J].农业经济问题,2006(7):16-20.

[116] 张荣轩、张祖民.农产品价格变化与农民增收问题研究[J].浙江统计,2004(3):22-24.

[117] 张莉侠,刘荣茂,孟令杰.中国乳制品业全要素生产率变动分析——基于非参数Malmquist指数方法[J].中国农村观察,2006(6):2-8.

[118] 张艳华,李秉龙.人力资本对农民非农收入影响的实证分析[J].中国农村观察,2006(6):9-16.

[119] 赵莹.中国的对外开放和收入差距[J].世界经济文汇,2003(4):55-70.

[120] 钟甫宁,何军.增加农民收入的关键:扩大非农就业机会[J].农业经济问题,2007(1):62-70.

[121] 周娟,张广胜.国际贸易对中国城乡收入不均等的影响[J].商业研究,2008(2):57-59.

[122] 周申,李春梅.工业贸易结构变化对我国就业的影响[J].数量经济技术经济研究,2006(7):3-13.

[123] 周申,廖伟兵.服务贸易对我国就业影响的经验研究[J].财贸经济,2006(11):74-77.

[124] 周燕.论中国的对外贸易发展战略与剩余劳动力转移[J].人口与经济,2003(3):45-49.

[125] 周艳恒,黄琼英.发展劳动密集型产业是农民增收的最佳选择[J].西南科技大学学报(哲学社会科学版),2003(12):30-32.

[126] 周云波.中国农村收入分配差距、贫困与劳动力非农就业问题研究[M].经济科学出版社,2009.

附表　按工业部门分类的 SITC 3.0 五位数中间产品编码表

部门						
01 煤炭开采和洗选业	321	322				
02 石油和天然气开采业	333	342	343			
03 黑色金属矿采业	281	282				
04 有色金属矿采业	283	284	285	287	288	289
05 非金属矿采选业	272	273	274	277	278	
06 木材及竹材采运业	244	245	246	247	248	
07 食品加工及制造业	12.4	17.1	22.21	22.41	22.49	25.2
	25.3	35.5	42.1	42.2	45	46
	47	48.2	54.84	54.85	54.87－.89	56.41
	56.42	56.45－.48	58.21－.22	61(除 61.29,61.6,61.92)		
	71.11－.13	73.2	81除.95	98.6	98.94	411
	422	431	421.11	421.21	421.29	421.31
	421.49	421.51	421.61	421.71	421.8	421.31

续表

行业	编码
10 纺织业	269, 657, 651(除651.16,651.19,651.22,651.31,651.32,651.61,651.71,651.81,651.83,651.85,651.94), 652, 653, 654, 655, 656; 658.11, 658.12, 658.13, 658.19, 658.21
12 皮革,毛皮,羽绒及其制品业	611, 612.1, 613
13 木材加工及竹,藤,棕,草制品业	633, 634, 635(除635.41,635.42,635.49)
14 家具制造业	821.11, 821.12, 821.19
15 造纸及纸制品业	251, 641
16 印刷业和记录媒介的复制	642(除642.21,642.22,642.23,642.32,642.35,642.43,642.93,642.94,642.95), 892.81, 892.82, 892.83, 892.86, 892.89
17 文教体育用品制造业	894.23, 895.12, 895.22, 895.91, 895.93-.94, 898.9
18 石油加工,炼焦及核燃料加工业	325, 334, 335
19 化学原料及化学制品制造	232, 511, 512, 513, 514, 515; 516, 522, 523, 524, 525, 531; 532, 533除.52, 551, 554.21, 554.23, 562; 571, 572, 573, 574, 575, 579; 592, 593, 597, 598

续表

20 医药制造业	541	542.11－.12	542.21	542.22	542.31	542.91
21 化学纤维制造业	266	267				
22 橡胶制品业	621	625	629.19	629.21	629.29	629.91
23 塑料制品业	581	582	583	893.11	893.19	893.31
	893.94	893.95				
24 非金属矿物制品业	661	662	663 除.13	664	665.11	665.12
	665.91	665.92	665.93	665.94	665.95	665.99
	667					
25 黑色金属冶炼及压延加工业	671	672	673	674	675	676
	677	678	679			
26 有色金属冶炼及压延加工业	681	682	683	684	685	686
	687	689				
27 金属制品业	691	693	694	695.51	695.52	695.53
	695.54	695.55	695.59	695.61	695.62	695.63
	695.64	811	812.19	812.21	812.29	
	699(除 699.12,699.31,699.32)					

续表

28 普通机械制造业					
711.91	711.92	712.8	713.11	713.19	713.21
713.22	713.23	713.32	713.33	713.91	713.92
714	716.9	718.19	718.78	718.99	735
741.28	741.35	741.39	741.49	737.19	737.29
737.39	737.49	741.59	741.72	741.9	742.91
742.95	743.8	743.91	743.95	744.19	744.91
744.92	744.93	744.94	745.19	745.29	745.39
745.68	745.93	745.97	746	747	748
749.2	749.91	749.99			
29 专用设备制造业					
721.19	721.29	721.39	721.98	721.99	723.91
723.92	723.93	723.99	724.39	724.49	724.61
724.67	724.68	724.88	724.91	724.92	725.91
725.99	726.35	726.89	726.91	726.99	727.19
727.29	728.19	728.39	728.51	728.52	728.53
728.55	774.23	774.29	881.12	881.13	881.14
881.15	881.23	881.24	881.34	881.36	882—883
30 交通运输设备制造业					
784	785.35	785.36	785.37	786.89	791.99
792.91	792.93	792.95	792.97		

续表

工业部门						
31 电气机械及器材制造业	771.29	772	773	775.49	775.79	775.81
	775.88	775.89	776	778.12	778.17	778.19
	778.22	778.23	778.24	778.29	778.31	778.33
	778.34	778.35	778.48	778.69	778.79	778.83
	778.85	778.86	778.89	813除.13		
32 通信设备、计算机及其他电子设备	762.11	762.12	764.91	764.92	764.93	764.99
33 仪表及文化、办公用机械制造	759	871.19	871.39	871.49	871.99	873.19
	873.29	874.12	874.14	874.24	874.26	874.39
	874.54	874.56	874.69	874.79	874.9	885.51
	885.52	885.71	885.91	885.96	885.97	885.98
	885.99	884(除884.11,884.23)				
34 工艺品及其他制造业	891.21	891.22	891.23	891.93	891.95	896.11
	899.21	899.29	899.35	899.36	899.39	899.49
	899.72	899.81	899.83—.86	899.91	899.92	899.94
35 电力、热力的生产和供应业	351					
36 燃气生产和供应业	344					

资料来源：SNA产品分类，BEC产品分类，SITC 3.0分类。